The Geography of the Peace

平和の地政学

アメリカ世界戦略の原点

ニコラス・スパイクマン 著
奥山真司 訳

芙蓉書房出版

序文に代えて

イエール国際研究所ディレクター
フレドリック・シャーウッド・ダン

もし、我が国の代表たちの計画が完全に誤っていることが証明されている分野があるとすれば、それは国家安全保障の維持に関する分野であろう。我々は世界で最も安全な場所に位置しているように見えるが、たった二十五年ほどの間に二つの破滅的な世界大戦に巻き込まれており、少なくとも二回目の今回の大戦では、ほとんど敗北寸前のところまでいっている。我々が行ってきた行動を振り返ってみると、我が国の代表たちは国家の運命に全く無関心であったわけではないことがわかるが、それでも彼らが期待していた結果は当初の思惑から常にはずれていたし、彼らのアプローチは望ましい結果を生み出せなかった。したがって、我々はこの国政術の中で最も難しい分野の分析法やアプローチを、あらゆる手段をもって追求しなければならない。

国際関係の中の安全保障問題についての理論面での研究は、近年に至ってもあまり進展しているとは言いがたい。実際のところ、世界はイギリスの地理学者マッキンダーが一九〇四年に発表した「歴史の地理的回転軸」の影響の大きさにまだ気づいていない。地理的なロケーションを研究することにより、彼は大英帝国の安全保障問題に適用できるいくつかの結論を導き出したのだ。不幸なことに、この地理的なアプローチはハウスホーファーとドイツの地政学に悪用され、エセ科学としてゆがめられ、領土拡大政策の正当化に使われてしまった。その他の国々では、地政学はほとんど注目されていない。

イエール大学の故ニコラス・スパイクマン教授は、我々が地理を無視することによって安全保障問題におけるとても重要な要素を見逃していることに気づいていた数少ないアメリカの学者の一人である。彼はアメリカとそれ以外の国々との位置関係を研究する間に、我々の安全保障政策が非現実的で不適切であることを確信するようになっていた。もちろん彼は、初期の地政学者の手法が不完全で不正確であることを十分承知していたが、それでもそれらが我が国のリーダーたちが無視していた多くのことを浮き彫りにしてくれることに気づいたのだ。

スパイクマン教授がこの分野に関する研究を最初に発表したのは、地理と対外政策について書いた論文の中であり、これらは一九三八年と一九三九年の『アメリカ政治科学レビュー』(The American Political Science Review)誌に掲載されている。その後、彼は「半球防衛政策」(hemisphere defense)の観点から研究を進めているが、この防衛政策は当時のアメリカ国内では「ヨーロッパの戦争に巻き込まれるのを避けるためには最も効果的なものである」と強く主張されていた。表面的にはたしかにこの提案は好ましいように思えるものだった。なぜなら、太平洋と大西洋という広大な領域は、ヨーロッパやアジアからの侵入に対して、鉄壁ともいえる外堀をアメリカに与えているように思えたし、西半球にある莫大な資源の存在は、我々を外国からの輸入への依存から解放してくれているように見えたからである。我々が唯一やっておくべきことは、パナマ運河を常に使用可能にしておき、後は侵略者が我々の大砲の射程内にやって来るのを待ち構えるくらいのことだった。

ところがスパイクマン教授の分析では、これが全く危険な幻想であると決定づけられている。ヨーロッパ本土を掌握している国家や同盟などによって本気で攻撃が仕掛けられることになれば、大西洋の一方の岸辺で待ちかまえる防衛作戦が成功するチャンスは本当に低かったはずだからだ。もし我々の生き残りを確実にできるケースがあるとすれば、それはイギリスの艦隊が大西洋と太平洋の制海権を完全に掌握できていて、しかも我々がヨーロッパ大陸に侵攻する際にイギリスの支配する島々を利用することができた場合だけである。

この分析の成果は、一九四三年三月にイエール国際研究所から出版された『世界政治の中のアメリカの戦略』(America's Strategy in World Politics) という題名の本となって結実している。この本は出版直後からアメリカの安全保障問題の適切な理解のための重要な一歩を記したことで話題になった。スパイクマン教授がこの本の中で主張した結論の多くはアメリカ国内で広い支持を得ることになり、現在の対外政策についての議論の中で使われることになった。その後、スパイクマン教授は国際関係におけるパワーの役割や安全保障政策が形成される際の地政学的分析の役割について、もう一冊新しい本を書くつもりであった。彼は一九四二年の秋に、現在の国際情勢におけるアメリカの安全保障面でのポジションについて、自身の考えを初めて表明する講演を行っている。この講演では、安全保障の問題において地理的位置の重要性を示すため、地図のスライドが数多く使われた。ここでは速記録がつけられ、使われた資料と地図は、次の新しい本のために意図的に残された。しかしその直後に彼は病気になり、やろうとしていたことを一つも実行に移す暇もなく、一九四三年六月二十六日に亡くなってしまった。我々の研究所の中でも彼の研究をよく知っていた者たちは、彼のアメリカの安全保障問題に関する研究成果がこのまま失われてしまうことを非常に憂慮した。そこで我々は生前の彼の計画をできるだけ忠実に実行するために、彼の講演録や地図などに加えて、彼のノートや彼の考え方をハッキリと教えてくれる文書のやりとりなどを元にした、一冊の本を出版することにした。この作業は研究所のスタッフでスパイクマン教授のリサーチアシスタントとして二年間働いた経験があり、彼の考え方や分析法をよく知っていたヘレン・ニコール（Helen R. Nicholl）女史に任せられることになった。

その成果が、本書である。ニコール女史は自分に課せられた困難な仕事をスパイクマン教授自身の計画と意思を厳守しつつ、熟練した技術と想像力でこなしてくれた。本書の中のほとんどの文章は彼女によって新しく書かれたものだが、彼女は教授の考え方だけでなく、言葉遣いやスタイルまでも近づけている。本書を読めば、我々の対外政策、つまり戦後のアメリカの安全保障についての最も根本的な問題に応用された地政学的分析法が、明確で包括的に解説されていることがわかる。この分析の結果は、対外政策を考える際のヒントとなるだけでなく、我が国の対外政策を実践する人々に、ハッキリとした行動指針を与えることになったのだ。スパイクマン教授の分析と結論に注目せずに一貫して実践可能な安全保障政策を作り上げることは、かなり困難になると言えよう。

ここから得られる教訓ははっきりしている。アメリカの安全保障の中で最も重要な問題を一つ挙げるとすれば、それは「ヨーロッパとアジアのリムランド（rimland）を誰がコントロールするか」ということである。この二つの地域がアメリカに敵対的な一つの国家、もしくは多くの国家のまとまりの手に落ちることになると、その結果として起こる「包囲」（encirclement）は、我々の持つ陸軍や海軍の規模の大小に関係なく、我々を重大な危機に陥れることになる。我々はこの脅威を過去にうっすらと感じた経験を持っている。最近ではたった一国がヨーロッパ本土を単独支配しようとしたケースが二回（訳注：第一次・

第二次世界大戦）起こっており、我々はそれを阻止するために戦争に巻き込まれている。しかし我々の行動は後手に回ってしまい、大きな損害を出すことになったのだ。もし我々が地理的な位置関係が教えている教訓を十分理解できていれば、脅威が台頭してくるのを防ぐような対外政策をはじめから採用できていたはずだ。

ところが、このような教訓を勘ちがいしている人もいるから注意が必要だ。たとえば「ヨーロッパやアジアが一国によって武力統一されるのを防ぐような行動は、他国への不当介入になる。そもそも我々にはこのような話は関係のないことだ」という議論をする人々は確実にいる。

このような人々に対する最も良い反論は、今回の戦争の後にヨーロッパと極東で起こりうる状況を考えてみることである。たとえば今後、完全な独立状態を回復しようとするヨーロッパのリムランドのほとんどの国々は、民主制度を採用することになるはずだ。ヨーロッパ統一を進めようとする計画では、いずれも（その法的な事情の取り決めがどのようなものであれ）ヨーロッパの国々はドイツよりも弱い立場に置かれることになる。なぜならドイツは細分化されない限り、ヨーロッパ最大の国家として残るからだ。自由を求めて戦っている国家が、態度を急変させてそのような取り決めに自発的に従うことは考えられない。また、ドイツの支配から逃れようとする国々の自由を守るために莫大な犠牲を捧げたアメリカが、わざわざドイツ支配の復活に同意するということも考えにくい。いずれにせよ、今後のヨーロッパ統一は侵略的な行動によってしか実現しないだろう。本書の議論がハッキリと示しているのは、そのような侵略的な行動の発生を防ぐことがアメリカの国益にかなう、ということだ。もしこのような行動の発生を許してしまえば、第三次世界大戦の勃発は確実であり、しかもその結末は我々にとって決して有利なものとはならないのだ。

また、それと同じくらい想像しにくいのは、アメリカがたった一国による極東の支配を防ぐために他国から軍事介入を正式に要請される、という状況だ。日本はおそらく現在の戦争の終結後、今後とも長期にわたって我々に今回のような脅威を二度と及ぼしてこないようにする措置をとられることになるだろう。

同様に、中国もアジア沿岸全体に支配を拡大するようなポジションを得ることはないだろう。リムランド北部は引き続きソ連の支配下に置かれることになり、インドシナ、タイ、ビルマなどのリムランド南部の国々が、自発的に中国の統一支配に従うことはありえない。ヨーロッパの場合と同じように、アジア統一は強制的な武力侵攻によってのみ実現するだろう。しかし現在の中国は国内統一に必要な国力を持っておらず、軍事力によって他国を従わせるにはまだまだ時間がかかるはずだ。もちろん中国が極東で侵略するような計画を実行に移そうとするならば、我々はこの脅威がヨーロッパやアジアに及ぶのを看過するわけにはいかない。しかし中国がそのような計画を実行に移す確率はとても低いように思える。

一方の勢力であるソ連は、西ヨーロッパへの領土拡大計画を実行することによって、ヨーロッパのリムランドを統一しようとしていると考えられる。もし同時にソ連が極東に支配を広げようとしているのなら、我々は確実に危機的な状況に直面することになる。しかしそのような状況が起こりそうもない理由も数多くあり、しかも極東への支配拡大はロシアの国益に反するものでもある。ここでは紙面上の都合によりこれらの理由を述べることはできないが、我々の研究所から今後発表されるウィリアム・フォックス（William T. R. Fox）の著作の中では、このことについてさらに詳しく分析されることになる。とりあえずここでは、ヨーロッパのリムランドにある独立主権国家群の存続が、ロシア（そして我々にも）にとって英米の勢力との緩衝地帯になるから利益になる、と言っておけば十分であろう。

したがって、「スパイクマン教授の分析を元にした安全保障政策は、ヨーロッパやアジアの統一を防ぐために我々に積極的な軍事介入を行わせるようになる」という意見は的外れであることになる。この分析がハッキリと強調しているのは、マクロ的に見れば平和を維持するため、そしてミクロ的に見れば我々の自身の安全を守るために、我々が世界情勢の中で実行しなければならないことの重要性なのだ。

ここで興味深いのは、本書の研究で行われた分析から導き出された政策は、国際関係においてパワーを基礎とした考えを拒否する多くの人々が提唱する狙いや理想というものに非常に似通っている、ということだ。したがって、スパイクマン教授の分析はアメリカが世界情勢に対して積極的に関与していくことを強く支持している。彼の分析は、我々が他国と協力して侵略行為を防止しなければならない理由をくわしく説明している。また、この分析では我々が現在の戦争の終結後に効果的な国際安全保障システムを作り上げるためには一体何を行わなければならないのかがかなり明確に提案されている。したがってここから言えるのは、リベラルな考えを持つ人々も、国際政治の中でパワーの役割を率直に受け入れる分析法を活用することを恐れる必要は何もない、ということだ。

心の底から「コスモポリタン」な人々――つまり人類全体だけに忠義を誓う人々のことだが――は、あからさまに国益を基礎においた分析法には不快を感じるかも知れない。しかしこれはアメリカの責任ある世界政治への関与を進め、しかもこのような関与は我々の国益にかなうものであるとするスパイクマン教授の主張と相反するものではない。「正直は最善の政策」という格言は、一見すると非道徳的であり、しかも国益だけを追求しない人々にとっては冒涜的でさえあるのだが、それでも「不正直」であることにはならないのだ。

一般的にいえば、政治地理学の理論というのは、世間一般のみならず、対外政策を動かしている人々にさえそれほどよく知られているものではない。よって、本書には地図や地政学の基礎の解説が加えられているが、それも地政学分析の方法の理解にとって必要最小限に抑えられている。これらはアメリカの対外政策の最も根本的な問題を研究する際に極めて有効となる便利なツールを我々に与えてくれるのだ。

最後に、私はここで自分の友人であり同僚であったニコラス・スパイクマンの思い出に対して、個人的な感謝の意を表明せずにはいられない。過去何年かに渡る彼との付き合いは、私の人生の中でも最も充実した経験のうちの一つであった。私をイエール大学に来ることをすすめてくれたのは彼であり、当時の彼は国際関係学部と国際研究所の創設を大学側に働きかけていた。アーノルド・ウォルファーズ（Arnold Wolfers）教授と私は、彼と一緒にこの刺激的な冒険に最初から取り組み、この協力関係はとても楽しく実りの多いものであった。スパイクマン教授のリーダーシップのおかげで、国際関係学部と国際研究所は開設当初からその活動を軌道に乗せることができ、それ以降も順調に発展を続けている。彼は驚異的な仕事量をこなし、広い分野にわたって多くの専門知識を持っていた。私は彼の出した結論が彼自身にとって都合の悪いことだったり、友人たちに不快な思いをさせたりするようなものであったとしても、彼が自分の論理に従うのをためらった姿を見たことがない。彼の講義は本当に上手く、イエール大学の生徒の間でも伝説的な評判を残している。現在でも四十九歳で死ぬのは比較的若いと言えるが、彼の早すぎる死はアメリカの学界やアメリカ外交の実践面でも計り知れない損失である。特に国際研究所の彼の同僚たちは、その損失がいかに大きいかを最もよく知っている。

一九四三年十一月、ニューヘイブン、コネチカット州にて

平和の地政学——アメリカ世界戦略の原点●目次

【本文収録地図一覧】

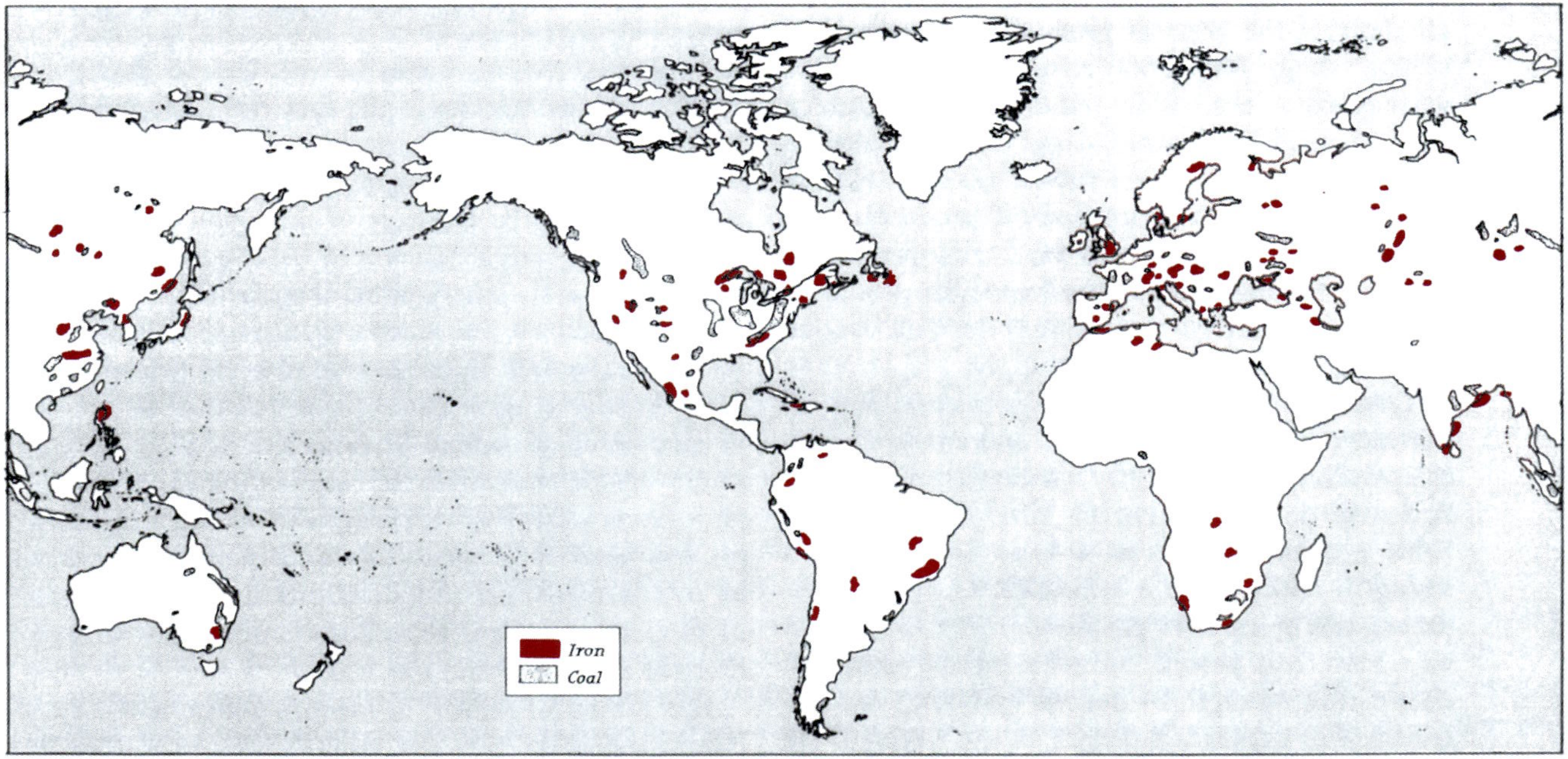

地図26 石炭と鉄鉱石の埋蔵地（→本文78頁参照）

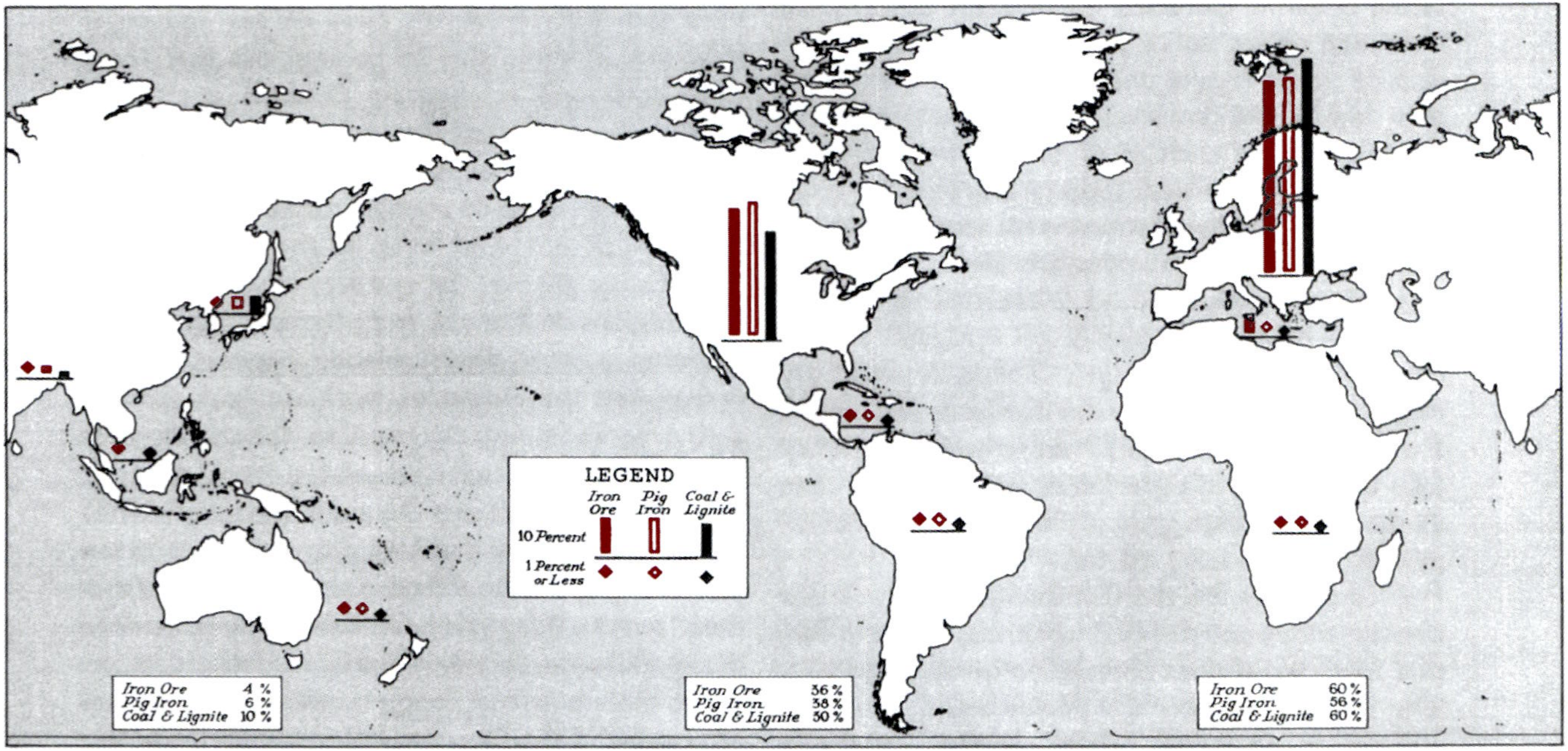

地図27 1937年の石炭と鉄鉱石の生産量（→本文 78 頁参照）

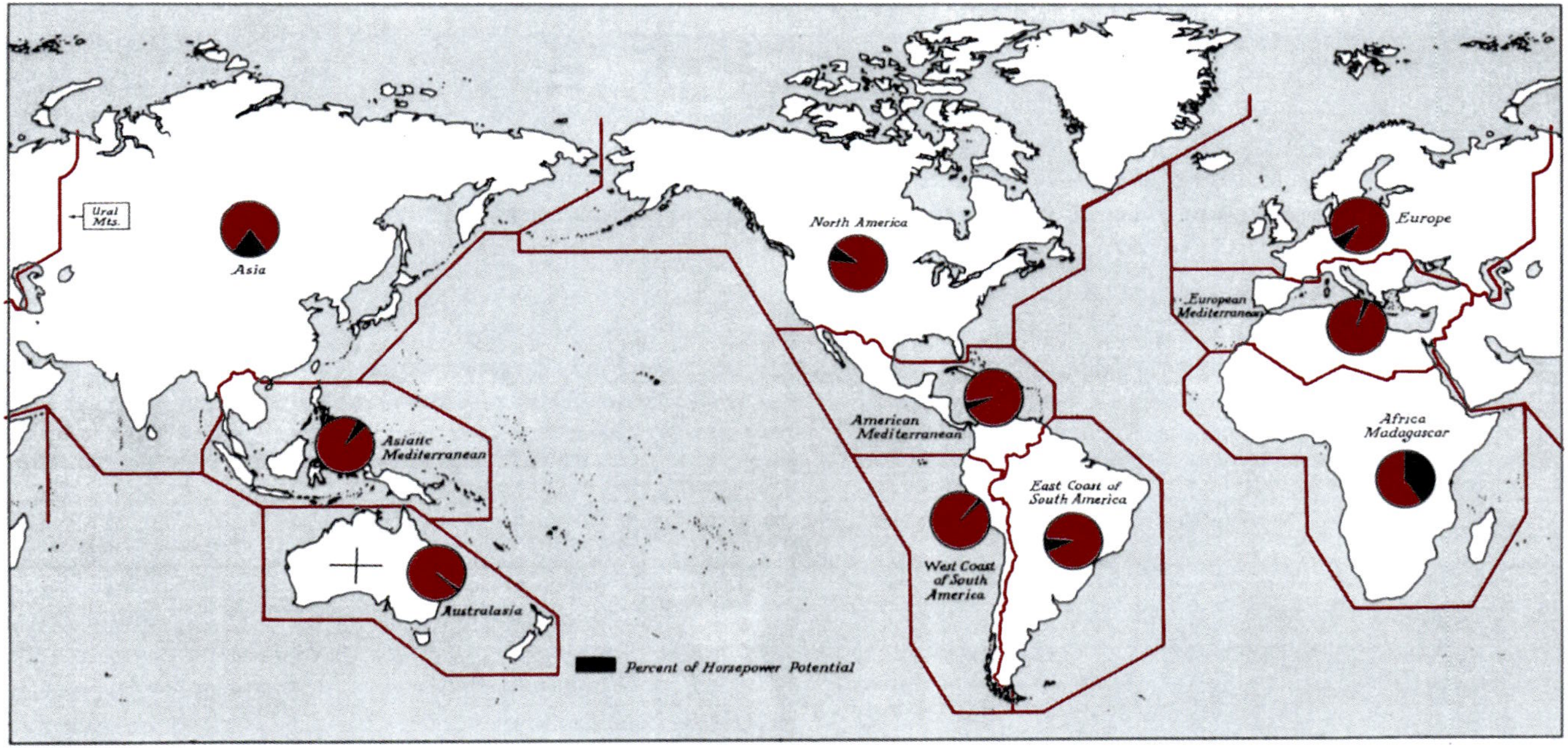

地図28 1936年の水力発電の推定潜在量（→本文 *80* 頁参照）

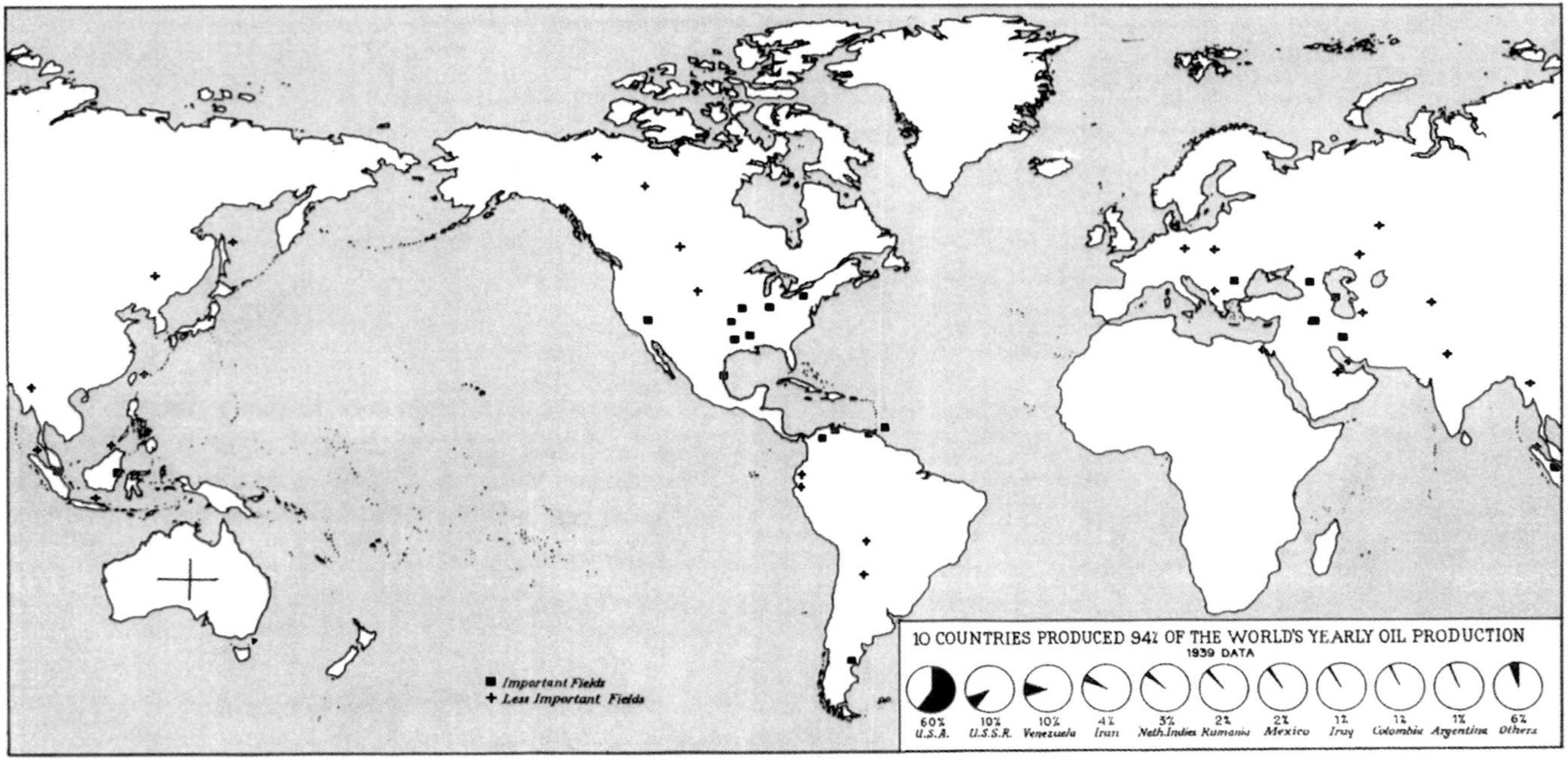

地図29 石油生産の中心地（→本文 80 頁参照）

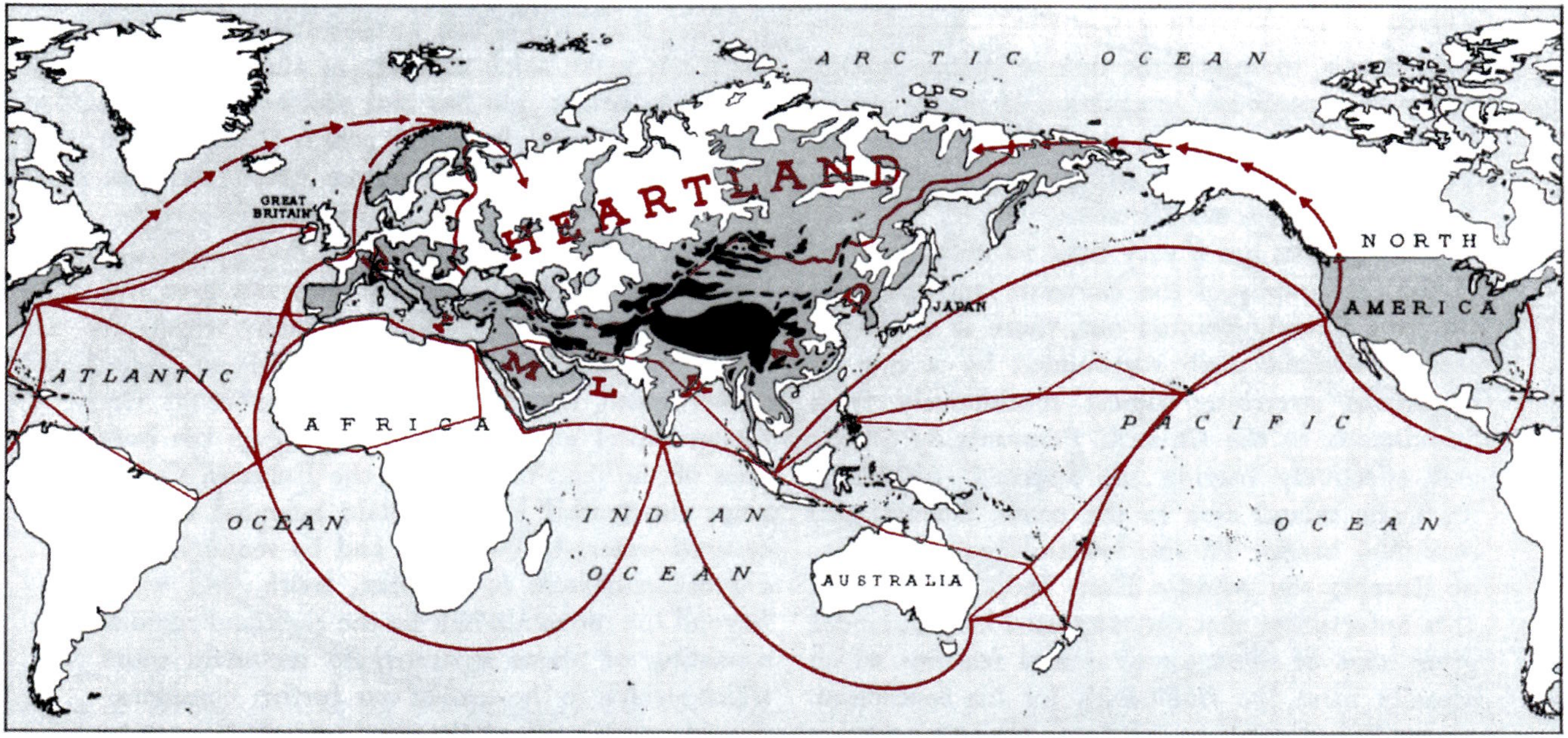

地図35 ユーラシア大陸の地政学地図（→本文93頁参照）

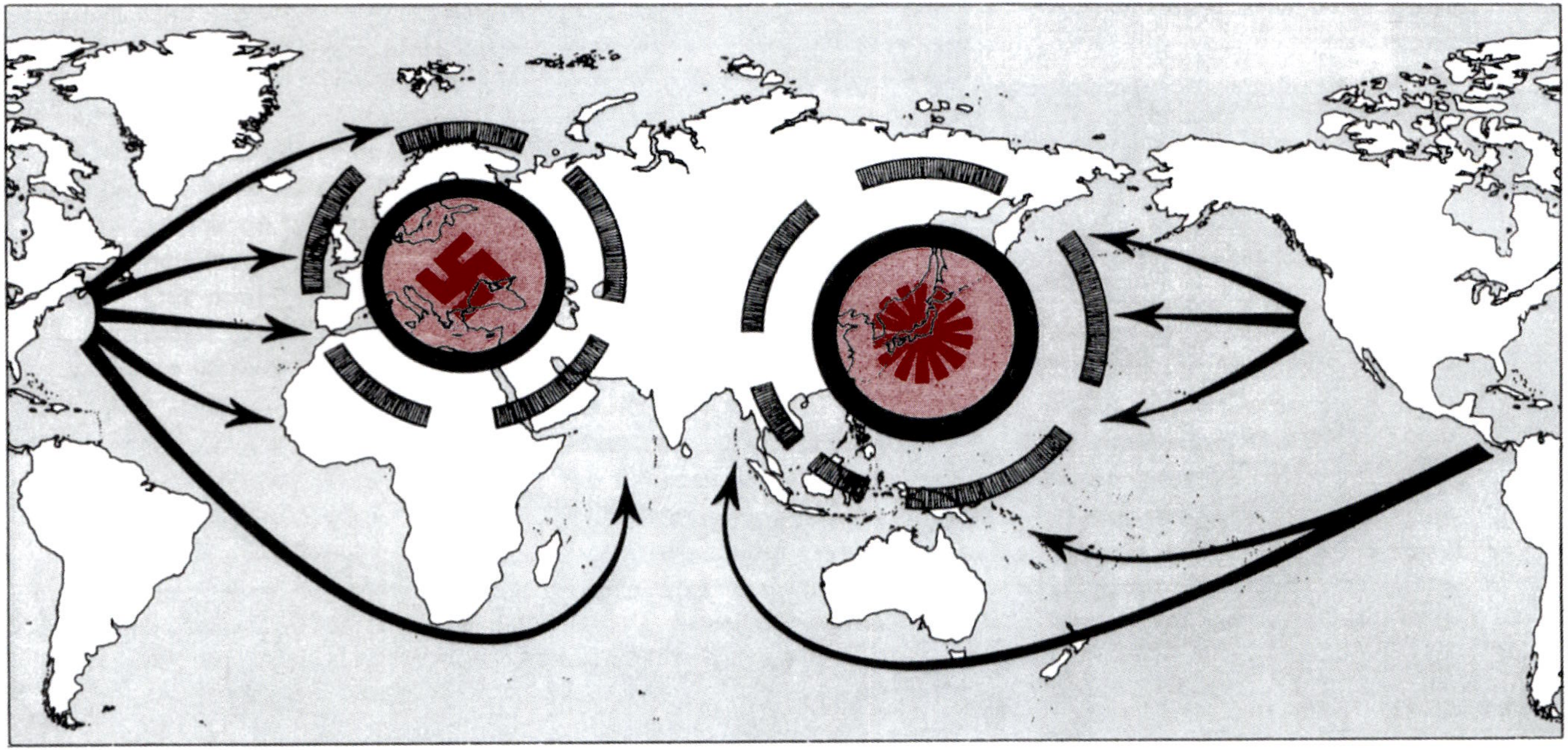

地図40「統一性」対「複数性」（→本文 *111* 頁参照）

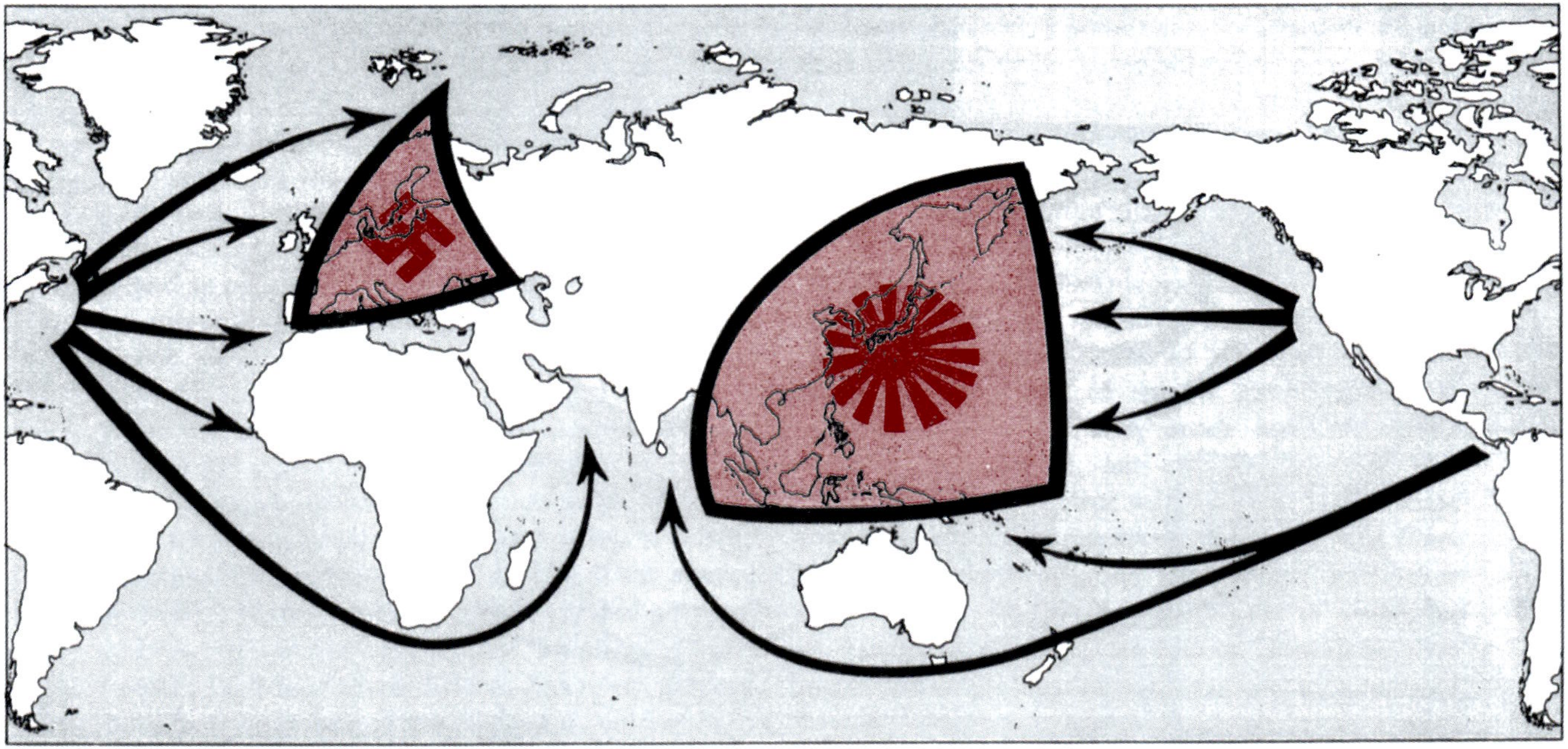

地図41 戦闘区域 1943年（→本文 *112* 頁参照）

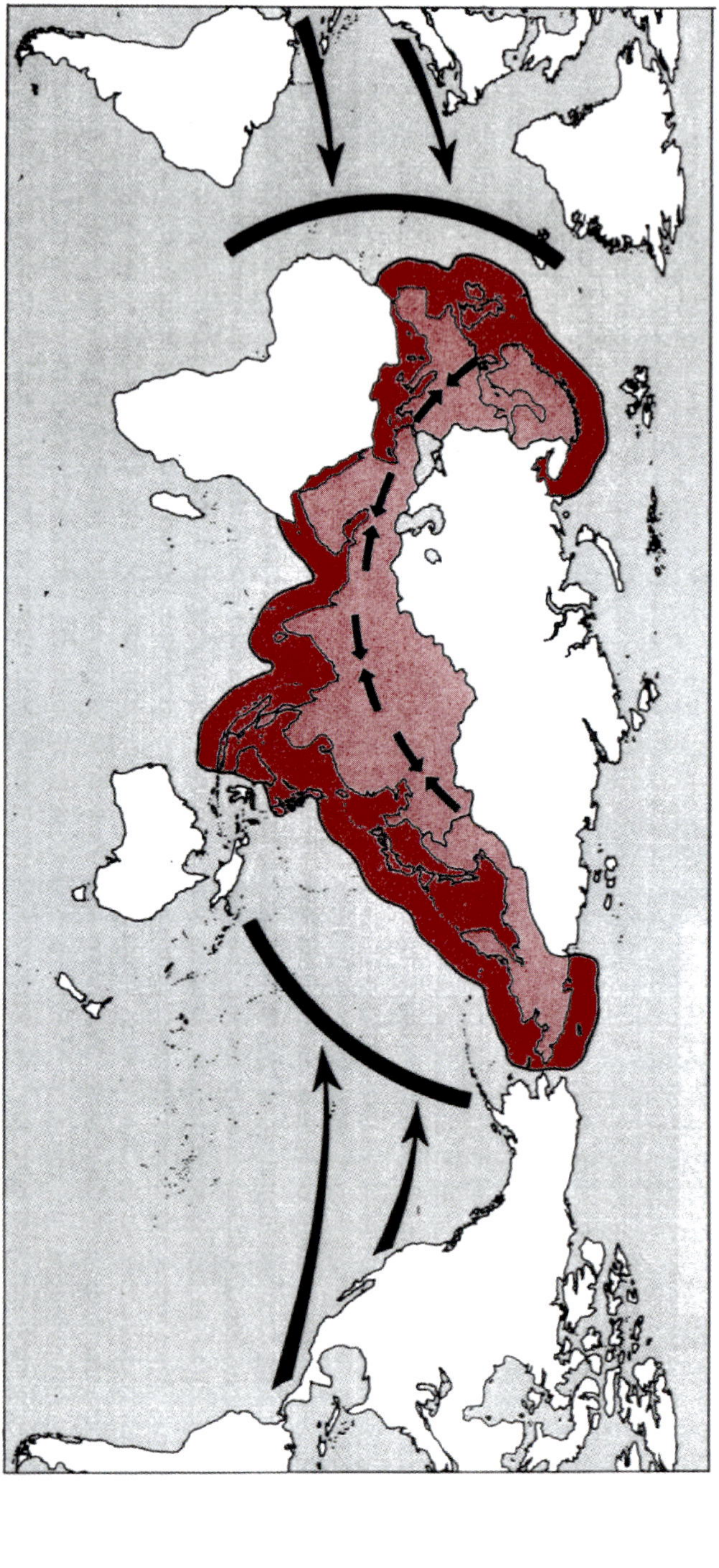

地図45　ユーラシアの紛争地帯（→本文 *118* 頁参照）

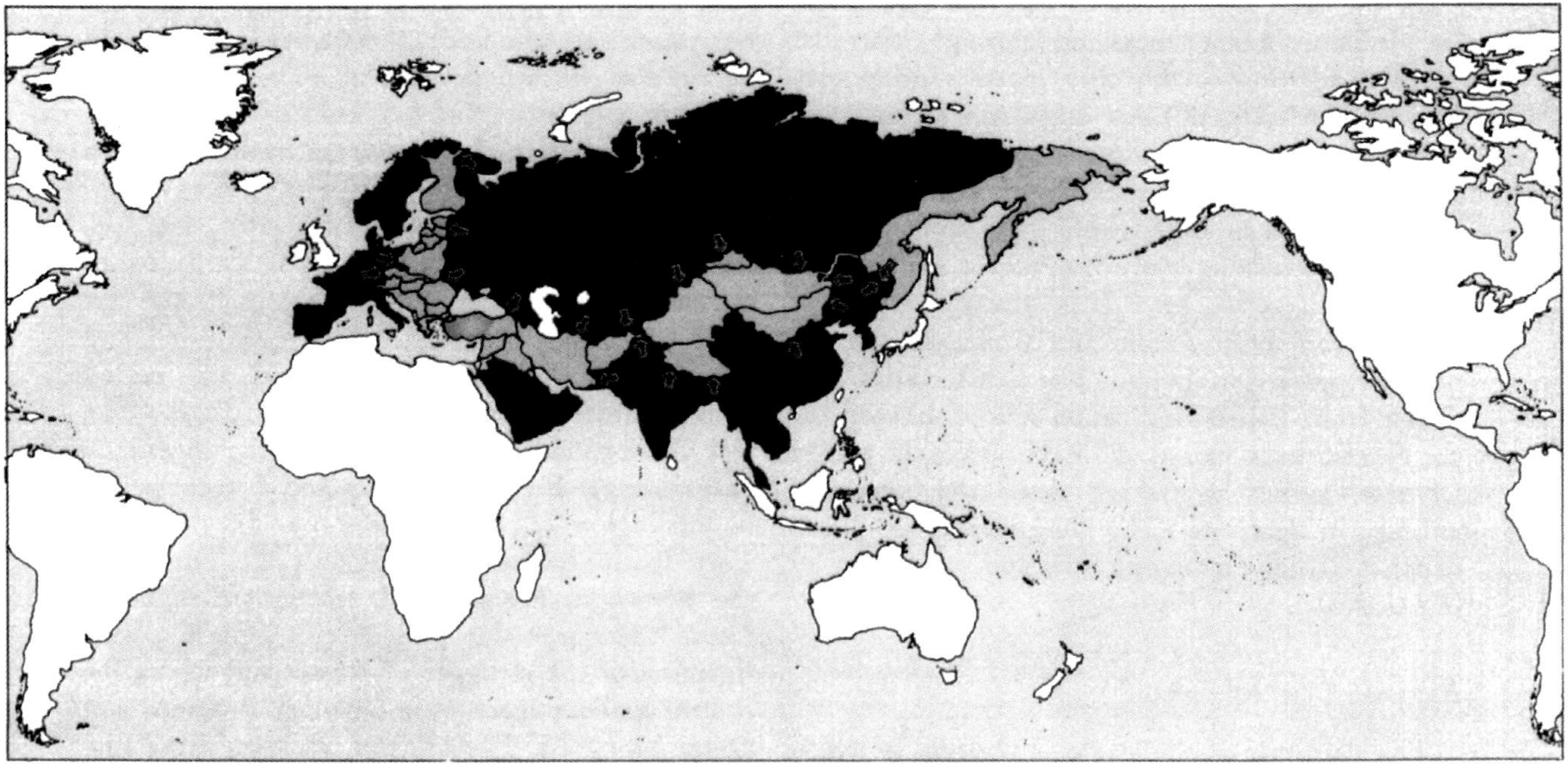

地図46 ハートランドvsリムランド（→本文 *118* 頁参照）

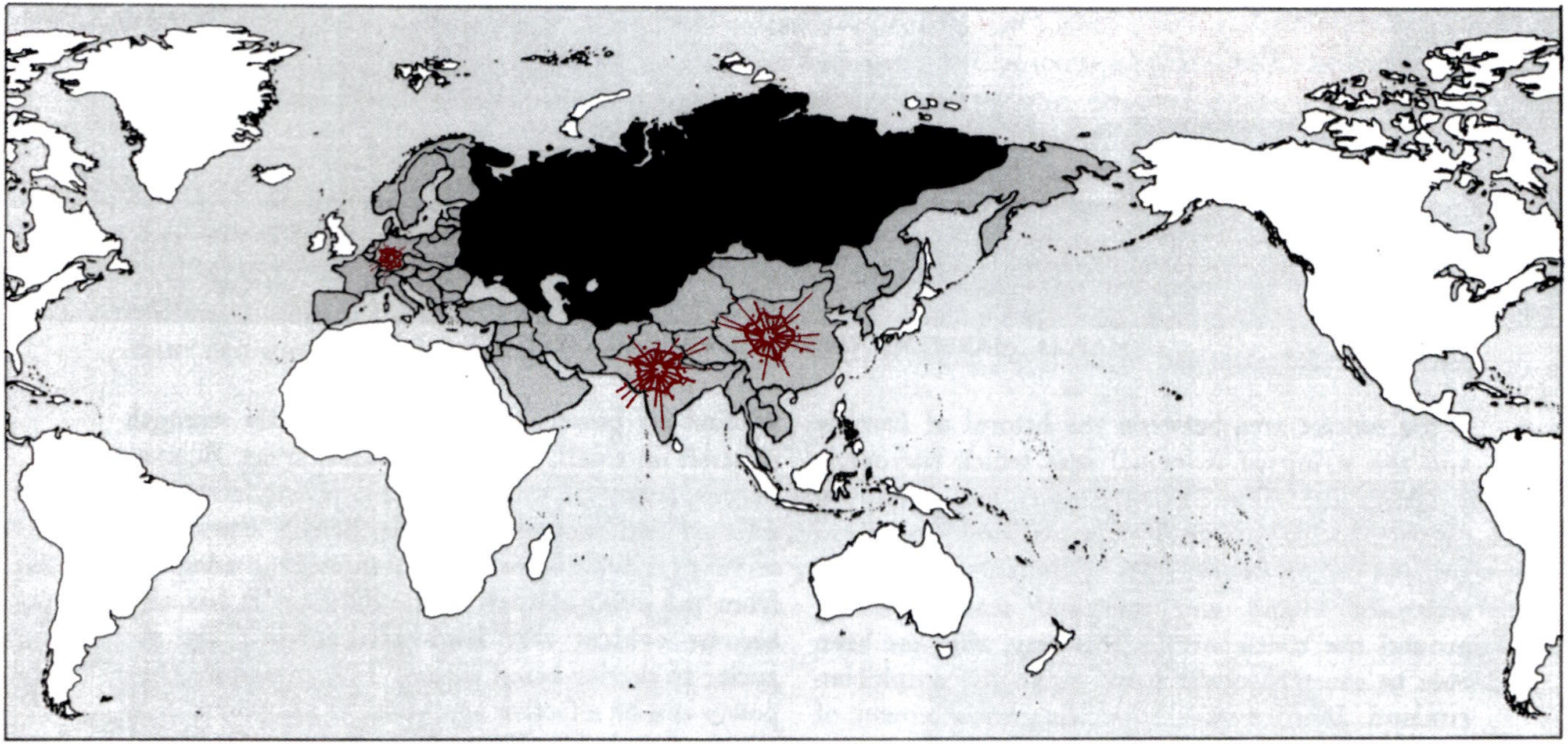

地図47 リムランド内の紛争（→本文 *119* 頁参照）

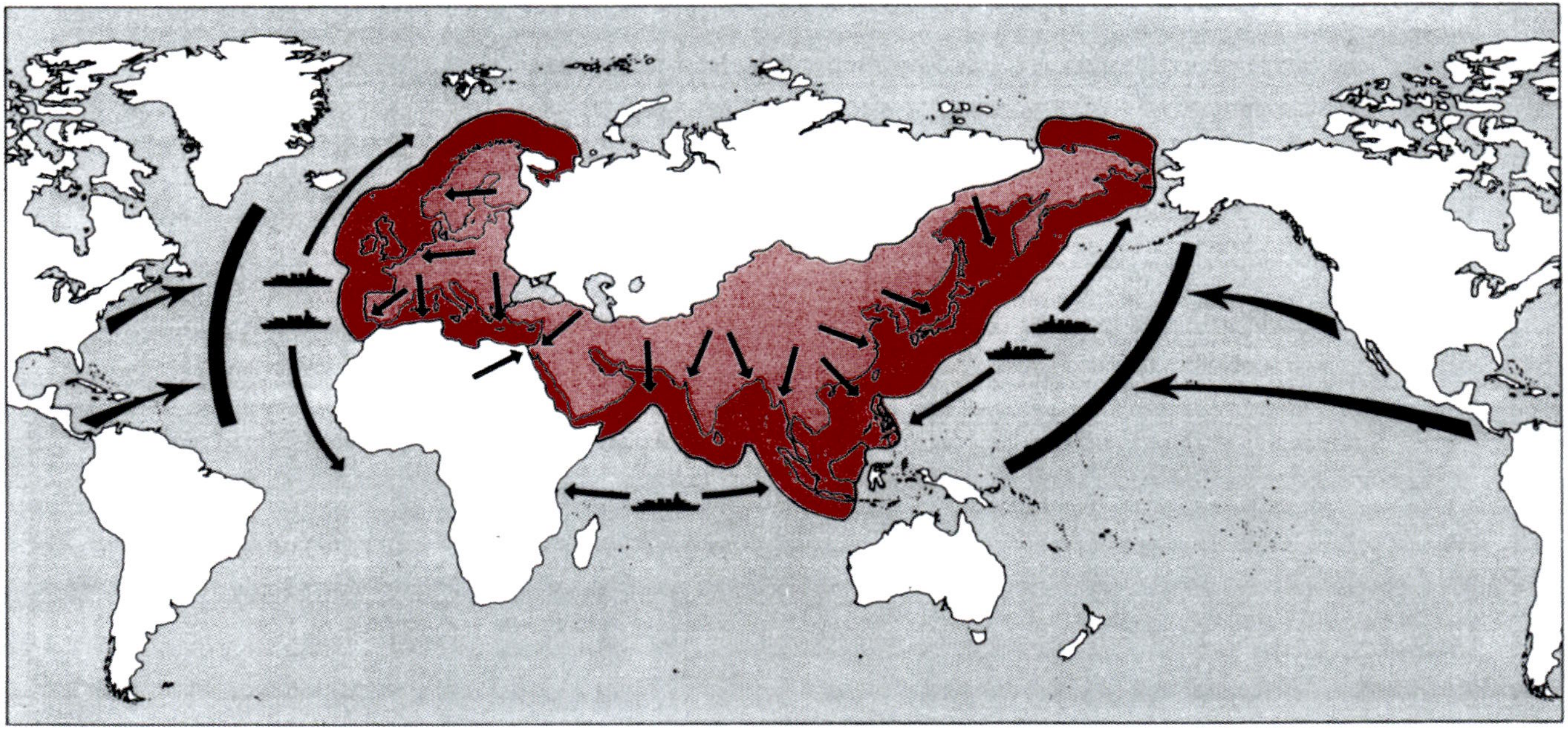

地図48 海洋国家と両生類国家の紛争（→本文 *120* 頁参照）

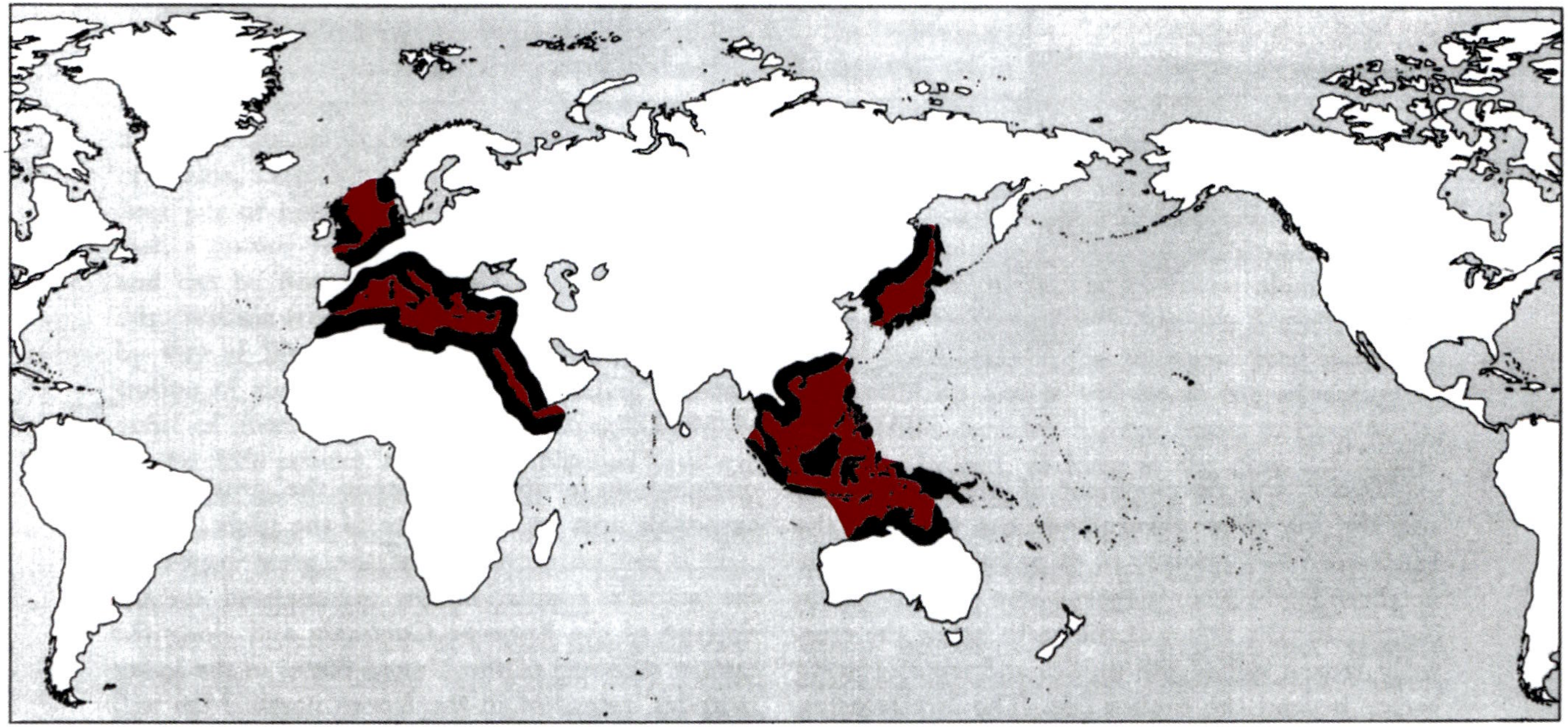

地図49 エアパワーと周辺の海（→本文 *121* 頁参照）

地図50 北極越えのルート（→本文 *124* 頁参照）

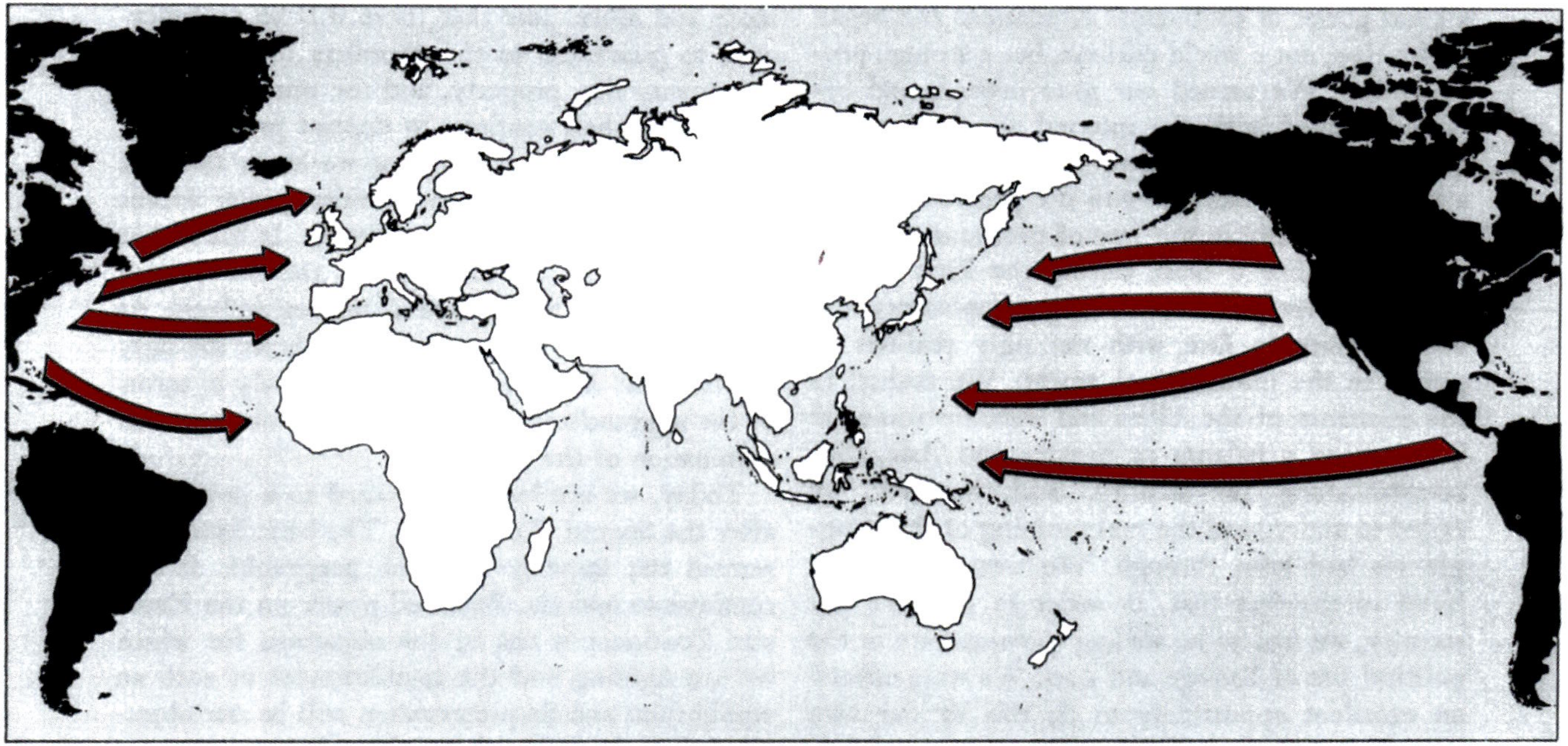

地図51 未来の西半球の様子？（→本文 *131* 頁参照）

I

戦時と平時における地理

我々は現在、世界の主要国が物理的な力によってすさまじい闘争に明け暮れている光景を目の当たりにしている。自分たちの信念と原理（プリンシプル）こそが新しい世界の秩序の基盤であることを証明するために、何百万トンもの鉄鋼や火薬、そして測り知ることができないほどの人間のエネルギーが戦争のために費やされているのだ。この状況は、我々の思い通りの世界を築くためには、我々の「自明の真理」や「道徳的価値観」などだけでは全く不十分であるということを示している。軍事力は、国家の生き残り（サバイバル）と、より良い世界の創造のためには完全に不可欠な道具である。ところが我々の文明の最も根本的な価値観が「欲望丸出しの力」の行使による完全な破壊から免れたその瞬間であっても、国際関係におけるパワーの本質を研究したり、我が国のパワーのポジションの強さと弱さを検証したりすることは、人々をあきれさせたり、軽蔑の目で見られることになる。とくに特定のリベラル派の人々や、自ら「理想主義者」と呼ぶ多くの人々は、「国際政治の中のパワーの要素について語るのは道徳に反している」と信じる傾向が強い。彼らは、「〈平和の秩序〉や〈安全保障〉に関する研究は、パワーとは全く関係のない我々の民主的文明の理想や、よりよい世界秩序のヴィジョンに関することのみに使われるべきだ」と考えるのだ。

ところが実際のところ、軍事力に基盤を持たない政治的理想とヴィジョンというものが生き残る価値は、ほとんどないように見える。確実に言えるのは、我々の西洋の民主制度は、自分たちの力、もしくは同盟国などの助けによって、パワーが効率よく使われてきたおかげで今まで維持・存続されてきた、ということだ。大英帝国、フランス、北欧諸国、そしてヨーロッパ内のいくつかの小国家は、過去二〇〇年の間に民主制度の良さを最高度まで発展させてきた。ところがノルウェイ、デンマーク、オランダ、ベルギー、そしてフランスは、一九四〇年から非情な独裁者の支配下で生きることを余儀なくされており、イギリスでは自由を求める戦いの功績を称える銅像や記念碑などが、爆弾によって開けられた穴を埋めたり、瓦礫の山になったりしている。しかも小国家はパワーを持たず、イギリスやフランスは自分たちのパワーを強化することを怠ってきたのだ。したがって現在の我々の文明全体の運命は、侵攻されたロシアか、背水の陣をしいている大英帝国か、もしくは最後に参戦したアメリカが、自分たちの共通の敵を倒すために軍事力をすぐさま強化できるかどうかという点にかかっている。この米・英・露の共通の敵（ナチス・ドイツ）は、西洋文明の存在意義と誇りである全ての価値観というものを、何千年にもわたって復活できないようするために莫大な軍事力を構築している。この目的を阻止することができるのは、連合国の軍事力だけなのだ。

これによって、国際社会の中における国家の安全は世界の中のパワーの配分状態と密接な関係を持っていることがハッキリした。今日の国際社会の主な特徴というのは、「他者との関係において自分たちよりも上位に位置する権威を認めない、主権国家（sovereign state）という単位（ユニット）が、独立して存在している状態」と言い表せる。たしかに国際制度（international institutions）は国家が解決しなければならない特定の問題について対処するために設立させられたものであり、しかも国家は互いに対する行動を抑制するルールの存在を認めているが、それでも安全保障の最終的な責任は各国家自身にあるという事実は変わらないのだ。

国家はひとつの「社会組織」であるが、その他すべての組織と違うのは、徹底的に境界化された領域に広がる明確な「領土」というものを基盤としている点である。国家は地球上のある特定の区域において最高の権威を行使することができ、その活動は領土的な基盤を持つ、物理的な特徴から直接影響を受けるのだ。その証拠に、国家は「特定の土地をハッキリと保持している」という事実と切っても切れない運命にあるために、他国によって行われるこの領土に対する侵入は、その国家の存続を脅かす脅威となる。したがって、国家の安全というのは「領土の統一」という条件から理解されなければならない。さらに、領土の物理的な特徴は、安全保障の維持のされかたにも直接影響を与えることになる。なぜなら、パワーというのは大きく見れば「地理」と「天然資源」によって決定されるからだ。したがって、国家の安全や独立という問題に対処する場合、国家は自国の領土や自分たちの同盟国・宗主国が持つ「強さ」を基礎にして行動しなければならない。

平和のための、もう一つの選択肢

過去百年間に起こったパワーの道具の急速な発展は、国家に決定的な意味を持つ「利益」を世界規模で拡大させることになり、これによって多くの人々は「国家の安全を守るためには軍事力の行使以外の方法を探らなければならない」と考えるようになった。ある人は、この目的を実現させるためには国際関係からパワーポリティクスを完全に排除し、国家間の協力と相互自制に頼らなければならない、と提案している。あいにくだが、この解決法は世界の政治的な仕組みに存在する、ある特定の基本的な事実を無視している。その事実とは、「国家はそれぞれ独自の根本的な価値観を持っており、この価値観を守るためには紛争も辞さないものであり、また自分たちにとって正当だと考える目的を獲得するためだったら実力を行使することもありえる」ということだ。国家というものは、もし必要に迫られれば自分たちにとって絶対的に重要だと思う価値観を「軍事力を使ってでも守らなければならない」と感じるものである。その他にも見逃せない事実としてあるのは、世界の国々は別々の発展の段階にあるのであり、その発達の速度もそれぞれ異なる、ということだ。どの時代でも、政治的な分野や領土面の現状に満足している国もあれば、逆に不満に感じている人々はいるものだ。この不満がある点まで到達すると、この状況を軍事力によって変化させようとする動きが発生する。協力や寛容の精神も、変化を求める決意の固い人々の前では全く役に立たないのだ。

何人かの知識人たちは、「パワーを完全に無視したシステム」というものの非現実性に気がついており、国際社会を良い状態に保つためにはやはりパワーが必要であることを素直に認めている。彼らは世界共同体の独占的なパワーは、「超国家」(super-state) によって管理されるべきだと提唱している。世界の各国家は兵器を放棄し、安全保障に関する全ての問題は、いわば世界警察のような組織によって管理されるべきであり、この組織は国家の陸軍や海軍と同じように組織され、機能させられるのだ。もちろんこのような方法が実行されればこの問題に対する完全な解決法となるのかも知れない。しかしこの組織が作られる際に必要なのは、「世界に住む全ての人々が同じようなまとまった価値観を共有している」ということだ。つまりこれは「世界共同体」が「国家」という共同体と同じであり、このような警察組織を維持できるようなまとまりを持っている、という大前提がなければならない。ところが我々がこのような国際社会を実現する状態からはるかに遠い場所にいることは明らかだ。つまり「世界国家」の青写真というのは、常に遥か先の未来の話であり、(第二次世界大) 戦後の処理に適用できる政策を作る際に必要な、実践的な指針を我々に与えてくれるわけでもないのだ。

それ以外にも、パワーの存在を認めつつ、世界国家の提唱者のような希望的観測を避けている「平和の秩序」に関する第三の選択肢がある。それが「集団安全保障」(collective security) のシステムだ。この考え方に従えば、一つ一つの国家には侵略から身を守るのに十分な軍事力が与えられることになる。各国家はそれぞれ国軍を維持することになるが、他国の安全が脅威を受けた場合には責任を持って参戦する義務が発生することになる。このような集団的義務が根底にあるために、最終的にはこの取り決めに参加している国々の間で安全な感覚が生まれ、彼らは軍備を最小限のレベルまで落とそうという気になるのだ。ところがこのようなシステムは、「この取り決めに参加しているそれぞれの国家は、約束された義務を果たすために戦争をする意志があるのかどうか」という点に左右されることになる。ほとんどの国家が真剣に義務を果たそうと本気で考えていても、条約などに書かれた約束というのは、実際の状況に適用される場合にはいくらでも解釈の仕方を変えることが可能なのだ。国家は「各国の利益が集団的な義務の解釈に影響を及ぼすことがなくなる」という風には考えないものだ。自分自身で安全保障を維持することができる国家は決して自己防衛の権利を放棄しないものだし、「他国が自分たちを守ってくれる」という紙の上に書かれただけの約束などに頼ることはしない。集団安全保障システムを機能させるためには、単独で自己防衛をすることができる能力を持つ大国たちの貢献が必要不可欠だ。彼らが自己防衛をするのは自らの安全保障と国家の独立のためである。したがって、大国が小国家の保護まで約束するような集団安全保障システムは、非現実的な「集合的」な義務の存在よりも、各大国の独自の国益の計算に左右されることになるのだ。

地理と対外政策

したがって、もし国家の安全保障が最終的には自己防衛できる「強さ」に左右されることになると、安全保障を確保することを狙う国家の政治戦略では、平時でも国家のパワーの維持を狙わなければならないことになる。これを効率よく行うためには、国家はパワーを決定する要素をよく考えなければならない。軍事戦略家がパワーを特定の目的のために使うことからもわかるように、平時の安全を目指す「政治戦略」と、戦時に勝利を目指す「軍事戦略」の間には、具体的な関連性があるのだ。たしかに戦時の究極の目標は「特定の敵を完全に破壊すること」だが、平時・戦時に共通する究極の目標は、国家の独立と安全である。つまり政治戦略も軍事戦略と全く同じように、パワーという要素を考えなければならない。よって、戦争と平和は密接な関係を持っており、一方の分野で問題を解決するような方法は、もう一方の分野で起こった問題も解決できる可能性を秘めている。平時であれ戦時であれ、我々は国家というものを、地理的な特徴がほぼ一定で変わらない一つの「領土の単位」として考えなければならないのだ。

戦場における「物理的な要素」が、動員可能な物資や兵員の数などと共に軍事戦略家の計算の中でいかに決定的な役割を果たすのかは、私たちにも容易に想像がつく。また、それと同じくらい明白なのは、国家の領土的基盤の特徴が平時の対外政策に様々な影響を及ぼすということだ。国土のサイズは（他国と比較した場合の）「相対的な国力の強さ」に影響を及ぼすし、天然資源の存在は「人口密度」や「経済構造」（この二つは政策の形成には欠かせない要素になる）に影響を与える。赤道や外洋や大陸との位置関係は、パワーの中心地への距離や紛争地域、そして交易ルートを決定し、近隣諸国との位置関係は潜在的な敵と対峙する位置を定義することになり、これによって領土の安全についての基本的な問題を決定することになるのだ。ところがこれらの要素の重要性は、地形や気候が持つ効果の影響を考慮に入れずに評価することはできない。地形は国家のまとまりや統一性に影響を与えるため、国力を左右する。気候は交通機関や農産物の種類の限度を決めており、国家の経済構造や特に対外政策を、間接的ではあるが確実に左右している。

ということは、地理的な面からある国の安全保障問題を考慮することも可能になるのであり、ここから出される分析の結果は、対外政策を練る義務を持つ国家指導者たちによってすぐさま利用できるものになる。このような分析は「地政学」(geopolitics)という言葉によって言い表すことができる。

現在の大多数の人々にとって、地政学というのは混乱を引き起こす言葉である。その大きな理由としては、この言葉が少なくとも三つの異なる学派によって使われているという点が挙げられる。何人かの研究者、とくにドイツ学派の研究者たちは、歴史を哲学的に考察するための枠組みとして、地政学という言葉を使っている。彼らは地政学を国家の性質を分析するための理論としてとらえ、領土拡大の必要性や妥当性を主張するドクトリンとして使用したのだ。二つ目の学派は、地政学を政治地理学と同じ意味で使っている。この意味では地政学は地理という総合科学の単なる一つの部門となっており、ある国家の構造を説明したり、世界を政治的な区分で分析したりしている。

三つ目の学派は、地政学をある国の安全保障政策の計画を地理的な要素から考えるためのものとして使っている。よって、この学派では地政学で「ある地理的な状況があった場合、どのような政策を採用すれば国家の安全を確保することができるのか?」という疑問に答えることになるのだ。この考え方に従えば、その目的は「領土の拡大」や自国以外を犠牲にした「パワーの強化」ではなく、国家の「平和」と「独立」にあることになる。地政学は、国家の領土的な関係というものが、地理的な面から平和の問題に必然的に関わらざるを得ないものであることを認めている。つまり地政学の分析法は、ロケーションの選択や空間の関係の理解を含んだ、実践的な分野において政策の「形成」と「実行」の前に行われる一つの「考え方」である、と見ることもできる。私たちは道路を歩いて渡る時や店や工場の場所を決める時、観測所を設置する丘や木を考慮する時、もしくは飛行場の位置を選ぶ際などには地政学的に考えている。このような地理に基礎をおいた考え方は、あらゆる都市・地域計画の最も根本的な部分であり、また、丘陵を越えて行われる騎兵隊の偵察や、世界規模で行われる戦闘での大陸侵攻など、あらゆる軍事作戦の準備には欠かせないものだ。しかしこの学派の地政学は対外政策を中心に扱っており、この種の分析の際には適切な政策を立案してある特定の目的を達成するために、地理的要素が使われるのだ。

当然だが、このような分析は決定される政策の性質や、発生した問題が持っている特徴などによっても左右されることになる。たとえば工場を建てようとする場合、我々は市場との距離や原材料と生産コストの関係、そしてそれに必要なパワーや、労働市場が存在する場所の位置関係などが与える影響を知らなければならない。また、戦時に飛行場や観測所を設置する場所を選ぶ場合、我々は交通・補給路の長さやその性質、それに地形の状況なども考えなければならなくなる。その逆に、もし我々に国家の安全保障維持のための政策を考える必要性が生じたら、まず世界の中での国土の位置関係や規模、資源、そして他国の領土とパワーの分配状況などから考えていく必要があるのだ。

ここで扱われる問題というのは、地理的な分析の性質だけでなく、分析される地域の範囲の大きさまでも決定することになる。たとえば現代の都市計画の基礎となるのは「都市地理学」であり、地域計画には「地域地理学」、そして国家の計画には「国家地理学」が使われる。そして世界の平和の計画の際にその基礎となるのは「世界地理学」である。世界戦争の時代には、軍事戦略は全世界を一つの単位としてとらえ、他国との関係を全ての面において考慮しなければならない。過去二百年間の軍事面における急速な発展のおかげで、現代の軍事司令官は、十八世紀の頃よりも敵の状況についてさらに多くのことを知る必要が出てきた。以前は敵の軍事組織の構造や将来戦場となる可能性のある場所の地形を調べるだけでよかったのかも知れないが、現在の戦略家は、経済的及び心理的戦争が国家全体を戦場にしてしまったため、国家全体の能力に影響を与える全ての要素の情報を調べる必要に迫られることになったのだ。同様に、国家指導者も世界を単一の勢力として見る必要があり、自国の平和に影響を与える要素への関心を、地球の地表全体や、国家の強さと弱さに影響を与える全ての要素にまで拡大する必要がある。世界規模の平和と安全保障を求めるためには、地球の表面全体が一つの単位として分析されなければならない。

またここで重要なのは、ある特定の「地政学的」な地域というものは、変化しない固定された地形によって決定される地理的な区域のことではなく、「地理」と「パワーの中心地における大きな変化」によって決定されるエリアであるということだ。これはつまりパワーを求める闘争それ自体が、ある特定の地域の重要性を飛躍的に高めたり、逆にある地域の重要性を忘れさせたり、注目されている地域への拡大や縮小をうながす、ということだ。これを言い換えれば、純粋な地理の分析とは区別される「地政学的分析」の最も顕著な特徴とは、静的な状況よりもパワーの中心における動的（ダイナミック）な状況を考慮する点にある。政治世界での変化は、ある瞬間には重要だった要素が時を経て変化することによって、その後の物事の成り行きに影響を与える。テクノロジー面での変化は、とくにパワーが実践される「場」の状況を変えることになる。なぜなら通信・交通のスピードや産業界の技術の増加は、必然的に特定の国々のパワーポジションを変動させることになるからだ。つまり、地理的な事実は変化しないが、それらが対外政策に与える意味は変化するのだ。

対外政策に含まれる全ての目標はそれぞれ密接な関係を互いに持っているものであり、その中のたった一つの目標を、他の目標との関連性を考えずに単独で分析するのは無理である。それと同様に、政策が形成される際の条件は、「地理」のような、全てを含んだ一般原則に単純化されてはならない。政策形成に考慮されなければならない条件の数は多く、永続的なものや一時的なもの、そして表立ったものや隠れているものなど、その種類は様々だ。地理以外に含まれるものとしては、人口密度、国の経済構造、国民の民族構成、政府の体制、外務大臣の偏見や好み、そして国民の持つ理想や価値観などが挙げられる。法律家や経済学者や社会学者が専門分野の知識を活かして行動の指針を提示しているように、地政学者も自らの知識を活かして、ある一つの視点から政策方針を明確にしなければならない。

地理と安全保障

ここで論じられている分析の仕方は、ドイツ学派の「ゲオポリティーク」(Geopolitik) の典型的な特徴である「地理的形而上学」(geographical metaphysics) とは完全に異なるものだ。ハウスホーファーはドイツが拡大していくべきフロンティアに対して、神秘的かつ倫理的に高潔な意味を与えることに成功した。それが「空間」という魔術的な概念などに対する強烈な反応であろうとなかろうと、とにかくそのようなフロンティアへの拡大は神聖な目的と一致する行動になったのだ。ところがこのような形而上的なたわごとはここでは全く無関係の話だ。ある特定の地形がその他の地形よりも倫理的に良いなどということはありえないし、生きている有機体として拡大成長しなければならないとされる国家にとって、その目的を達成するために無制限にパワーを使うことを正当化できるような魔術的なものがあるわけでもない。地理的なポジションと物理的なパワーは、国際世界を考える際に考慮に入れられなければならない「事実」であり、これらの事実をよりよく理解するためのテクニックは確かに存在する。また、地政学者によって一般化された理論が実際の政策に適用される場合には、常に善悪の倫理判断が考慮される必要があることも忘れてはならない。いずれにせよ、我々が国家や世界全体の「平和」と「安全保障」を目指すのであれば、拡大やパワーの強化のようなものとは正反対の政策を生み出さなければならない。

たしかに何人かの評論家が「地政学」という言葉の意味を捻じ曲げているのかも知れないが、だからと言って、その方法やそこで使われる題材が批難されるべきではない。実際のところ、「地政学」というのは対外政策のある面について情報管理上の決定を行う際に必要不可欠な、ある種の分析方法やデータのまとまりを示すのには適切な名前だ。我々は地政学を無視していたために過去に危機に陥ったことがあり、一九一七年や一九四一年の時のように、我々の安全があまりにも危険にさらされたために戦争を選ばざるを得ない状況に追い込まれている。我々は十九世紀を通じて外部の介入から安全を保つことができたのだが、これはイギリスの海軍力によって我々が旧世界（ヨーロッパ大陸）の勢力争いから引き離され、常に保護されていたことが大きい。二十世紀の初期にはこの「防波堤」は実質的に消滅してしまったが、それでも我々は「自分たちで安全保障を確保する必要がさらに高まっている」という事実にまだ気づいていない。したがってここでハッキリしているのは、我々は自国の能力を基礎にして国家の安全を維持していく方法を知らなければならない、ということだ。しかも戦争という手段に訴えかけるという行為が消滅する世界を築くことができるのはこの方法だけである。主要国家の間の基本的なパワーの関係を適切に分析することができれば、軍事侵略を効果的に無効化する方法を示すことも可能だ。この目的において、地政学は重要かつ根本的な役割を果たすことになるのだ。

II

世界の地図化

我々が対外政策で安全保障問題を検証する際に使う分析法は、「政策を条件づけている最も重要な要因の一つは、地理である」という考え方がその基本にある。したがって、我々が必然的に使わなければならない道具は「地図」となる。世界の物理的な構成はハッキリと理解できるような形で表示されておかなければならないし、それに関する実際のデータは最も使いやすい形で用意されていなければならない。これは、作戦を練る軍の指揮官が、戦場で敵と自軍との位置関係を把握する際の手がかりとなる正確で完全な地形図を持たなければならないのと同じであり、外国とつきあうための政策を練る国家の指導者たちも、自分たちの政策が実行される場となる世界の地図を持たなければならないのだ。当然だが、将軍や国家指導者たちにとって理想的なのは、旅行やその場の正確な観察などによって、戦場の地形や外国のことについて詳しい知識を持っていることであろう。ところがこのようなことはほぼ不可能であるために、彼らは「地理」という学問が発展させた地球上の事実を記録する手段である「地図」や「地球儀」に頼らざるを得ないのだ。

地理的な関係を分析する理想的な道具は、地球儀である。これを使えば、我々は三次元的な形で、しかもほぼ完璧な正確さで、地球の形を再現しつつ全世界を眺めることができる。我々はこれを見ることによって距離を測ることができるし、エリアや地形について議論することができ、そして地表面のひずみの計算などを修正することなく視覚化することができるのだ。地球儀というものは、学校の教室や勉強の際には理想的な道具かも知れない。しかし本や原稿などには使うことができないし、さらにもう一つの欠点として、球体であるために一度に世界の半分しか見ることができないことが挙げられる。したがって、地図の製作者たちは、我々が地表の特徴や内容をくわしく観察することができるようにするために、地球の表面を二次元の図式で表現しようとした。地図の製作者は、地球という球体を緯度と経度によって区切った経線と緯度線に分けて平面図の上におきかえるのだが、この際に大陸や海の輪郭の形をおきかえた場合に発生する精度のばらつきなどを修正して描くことになる。

地図を作る際に発生する問題*

地球が球体であるということは、裏を返せば、その表面のどの地点を示しても他の地点と見た目は全く同じである、という意味にもなる。これはつまりどういうことかというと、方角と位置を示すしっかりとした「仕組み」がなければ、地球上のある一つの地点を他人に正しく知らせることは不可能だということだ。このような「仕組み」は、古代ギリシャ人が発見した経度と緯度の線によって成り立っている。彼らははるか以前から地球が丸いことや、極点や赤道の位置などをすでに知っており、地球上のある地点を簡単に割り出すことを目指して、今日の我々が使っているグリッド（座標系の格子線）を開発したのだ。

このような座標のシステムが正確に描けるのは三次元の物体の表面上だけであることは明らかだ。地球の表面を平面図に移し変えるという作業は、それをどんなに上手く行ったとしても、実際の距離、方向、形、そして領域などの割合を、引き伸ばしたり収縮しなければならないことになる。数学のできる地理学者は、完全には取り除くことができないこのような地図の誤差やゆがみを最小限に抑えるような仕組みを開発しなければならない。この作業にはかなり高度な技術が要求されるが、その結果としてさまざまな「投影図」(projections) と呼ばれるものを生み出すことになった。単純な地図を描く作業でも、距離、方向、形、領域に発生するゆがみを消したり、誤差を均等化させるためには、複雑な数式を正しく使うことが必要とされる。もちろんプロの地図製作者は、多くの方法の中からどれを選んで投影図を描くのかを正確に知らなければならないわけだが、国際政治の流れや動きを地理的な事実から考察しようという人々も、自分が使わなければならない道具については全般的に理解しておかなければならない。

地理的な要素の分析の際に地図を効果的に使えるかどうかは、「地球の表面を描くあらゆる平面図は必然的にスケールや割合において誤差を含んでいる」という事実を理解できているかどうかでその差が大きく出ることになる。たしかに地球上のごく小さな領域を地図にする場合、その誤差はほんのわずかであり、そこから出る結果が現実との大きな差となって現れることはほとんどない。ところが地球全体を地図にしようとすると、大きな領域間の状況や関係などを表示するイメージが、使用される投影図によってかなり変わってしまう。

世界地図でも、種類によっては地表図が地球儀のそれと大きくかけ離れており、植物、地下資源、そして人口などの分布の正確な表示が不可能になり、全く利用価値のない地図もある。たとえばある投影図では、地域を正確に表示できるのだが、同じ地図の中でも位置が違ってくると距離のスケールがバラバラになってくるものがある。これはつまり、ある投射図の中央部分で一インチが一マイルを正確に表示できても、その周辺部ではこの比率が適用できなくなり、距離を正確に比較することが不可能になってしまうのだ。よって、社会分析のために地図を使う地理学者、政治科学者、または地政学者たちは、まず自分たちが使っている分析道具について詳しく理解しておかなければならないし、自分の仕事のためにはなぜ特定のタイプの地図を使うのかを説明できなければならない。

現在の地政学の研究は、ある地域の一つの動きが別の離れた場所の力関係に影響を与えるような状況の中で国家の動きを検証しなければならないため、このような状況を分析するためには注目する範囲を地球上の表面全域にまで拡大しなければならない。近代国家が自らのパワーポジションを維持するためには、戦時・平時を問わず、グローバルな規模で戦略的かつ政治的な思考をしなければならない。したがって、質の高い地政学的分析の基本となるのは、分析対象となる国家が地球のどこに位置しているのかを正しく表現してくれる世界地図なのだ。現在最も一般的に使われている投射図を概観してみると、地政学で使われる世界地図が何を基準にして選ばれたのかがよくわかる。

地図の投影法の種類

投影法というのは、地球を（理論上で）平面に映したときの形により、大きく三つのタイプに分けられ、それぞれ「円錐図法」「方位図法」または「円筒図法」と呼ばれている。もちろん全ての投射図法がこの三つに分類できるわけではないし、実際のところ、ほとんどのものはこのようにシンプルな形のものへと発展させられてきたわけではない。ところがこの三つの図法による分類を使うと、一般的に使われている様々なグリッドの構造がさらに理解しやすくなる。

①円錐図法

円錐を地球に巻きつけると、その円錐は「接緯線」（tangent parallel）と呼ばれる表面にある経線の一つに触れることになり、経線と緯線は地球から円錐に向かって投射されて映し出され、これを平面に開いた形が地図になる（**地図1**）。緯線は同心円によって表現され、経線は中心点（つまり北・南極点）から放射状にひろがって表示される。この種の地図では、接緯線上のスケールは正確だが、この線を越えて外側に行けばいくほど不正確になっていく。北端と南端の経線の間のゆがみがあまりにも拡大してしまうた

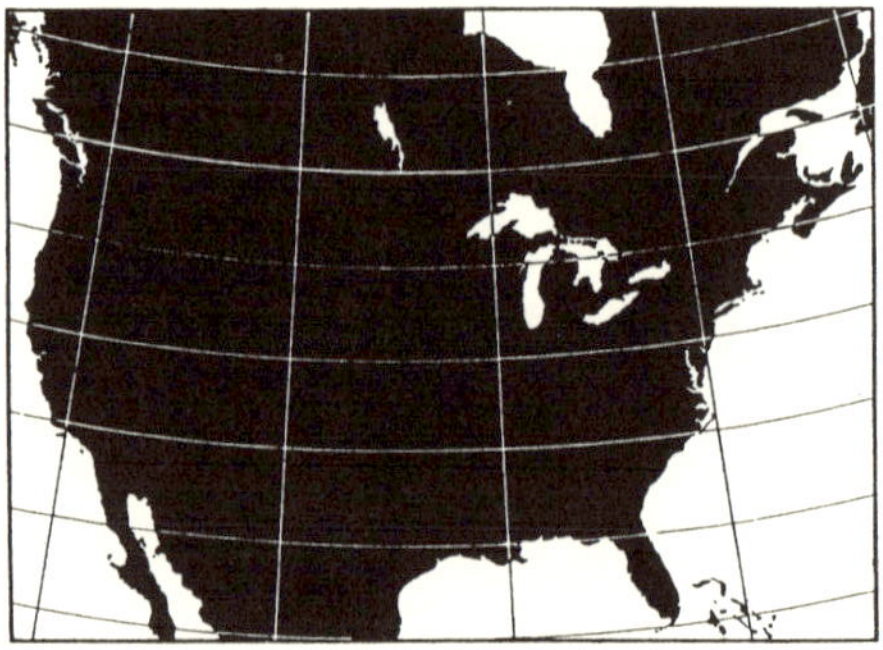

地図1　円錐図法

め、この投射法で世界地図を描くのは不可能だ。

このグリッドの中でも数学的に作られたものでは、接緯線を二つ使っているために、とりあえず地球上の二つの領域だけは正確に表示されることになる。また、経線の間のスペースを変化させることも可能であるために、地図全体のすべての領域と同じように、図の中のどの部分でもその他の部分と同じ比率を保つことができる。このように面積を均等に表示できる能力は、その他多くの投射図においても重要であり、たとえばこれは様々な国々における生産物の分布状況などを正確に示す必要があるときに使用される。その他にも、地図上で小さく四角に囲まれた場所のすべてが同じような割合で地球儀上に当てはまるような、同心円を区切ったタイプの円錐図を作ることも可能だ。小さな領域の形が正確に表示されるものは他の投射法でも見ることができ、航海や技師たちには特に便利なものとなっている。正積図法や正角地図などの特殊地図は数多く開発されており、地図製作の分野のあらゆる記述をするために試行錯誤されている。あいにくだが、紙面の都合によってこの短い説明の中ではそれらの存在を簡単に紹介することぐらいしかできない。

しかしここでハッキリしているのは、どの円錐図法も世界地図には使われていない、ということだ。この図法は一つの国を表示する場合には最適なのだが、全世界の地表の様子をたった一つの図にまとめて表示するのは無理である。よって、この図法は地政学の研究における利用価値はほとんどない。

②方位図法

近年の「グローバル地理学」や、特に「航空機の世界地図」の盛り上がりは、ある特定のタイプの投射図を有名にすることになった。これは「等距離方位図法」や「天頂図」などと呼ばれ、上空のある一点から地表を見下ろしたときに見える状態を図にしたものであり、その視点は地球のはるか外に位置している。この図法が最近もてはやされているのは、地図の中心点を通るすべての大圏が、図の上では直線として表されているからだ。地図の中心点から等距離で示されている地球上の点は、地図上でも同じ距離の間隔で表示されている。

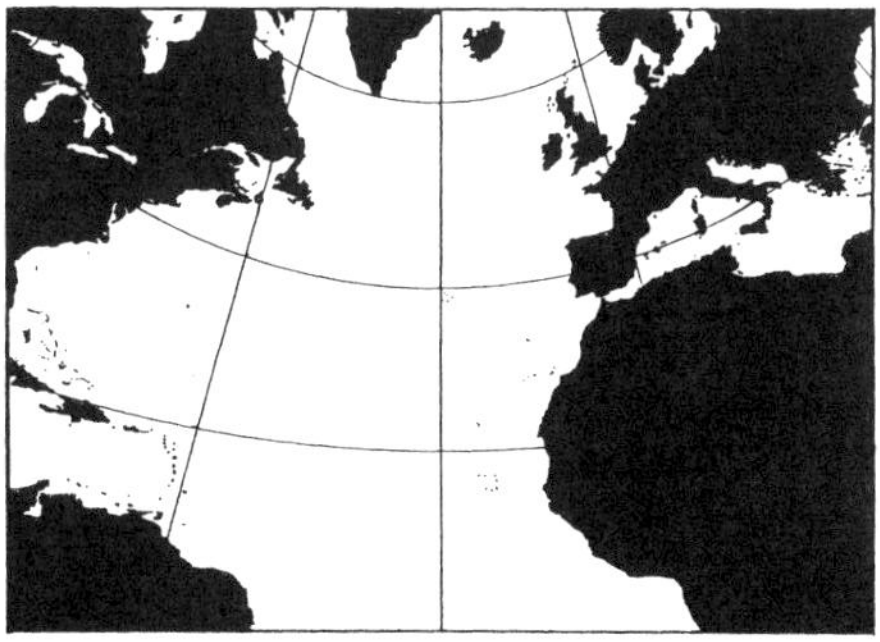

地図２　心射図法

飛行機の航路はもっぱら地球の「大圏コース」を通っており、これは地球上の二点の最短距離を示していることが多いため、この図の利用価値の高さは明らかだ。ところがこの図は世界規模で国際政治を見る場合には利用価値が低くなる。なぜなら飛行機の最短航路が戦時・平時に関わらず国際政治の動きに決定的な影響を持つわけではないし、陸上・海上輸送の手段によって決定される他国との位置関係は、今でも国の繁栄とパワーにとって重要だからだ。また、ここで述べておかなければならないのは、これらの投射図が正確に表示できるのは地球全体の領域の半分以下であるということだ。その証拠に、この投射図の一種である「心射図法」、「正射影」、そして「立体射影」では、完全な球体を表示することができない。したがって、地球の陸地の全てを一度にハッキリと見せるのは困難なのだ。グローバル政治の時代には、これは明らかな欠点となってしまう。

理論的に、方位図法の中の経線と緯線は、地上の一点か、地球上の遥か上空にある一点から眺めた場所から、地球の表面を平面の図表に写し取ったものである。このような「心射図法」(gnomonic projection：**地図2**)では、視点は地球の中心に注がれており、全ての大圏は平面図の上に直線として描かれ、この線は地図の中心部の一点に集中している。この図上では、どの地点を二つ選んでも、その点の間は大圏、つまり最短距離を表すことになる。したがって、この図は飛行機の航路を調べる際には最適だが、全般的な世界の地政学の分析にとっては物足りないことになる。なぜなら、地図の端の部分に近づくにつれてゆがみが大きくなるし、地球の半分以下の大きさの領域しか表示することができないからだ。

これらの中で最も見栄えの良い投影図は、正射影図法(orthographic projections：**地図3**)である。これは地球よりかなり離れた場所から見たイメージを図にしたものであり、半球をすべて表すことができる。この図では、極点が中央に描かれる(経線が直線になる)場合や、赤道が中央に描かれる(緯線が直線になる)場合をのぞいて、緯度と経緯は省略される。この投影図は面積が一定しているものでもないし、等角でもないので、地図の周縁部のゆがみは大きい。スケールの面でこのような大きなバラつきがあるために、この地図は正確さが要求される仕事には使えない。この図の主な利点は、半球の地表を大きく眺めることができることにある。

立体射影図法(stereographic projection)は、一見すると「正射影図法」とよく似ており、表示できる範囲も半球だけに限られてくる点で同じだ。この投射図は、その視点が地表の表面からちょうど裏側にある投射の中心点に向かって見る形になっている。よって、正射影図法とは反対に、経線と緯線は図の中心に行けば行くほどお互いに近づく。この投射図は「正角図法」であるが、図の中央部分と外縁のスケールの違いは極端に違ってくる。

方位図法の中でも、通信などにおいて最も便利な図は等距離方位図法（azimuthal equidistant projection：**地図４**）である。なぜなら地図の中心部と地図上のあらゆる地点の間の正しい距離と正確な方角が計測できるからであり、地球の全地表を一つの地図に収めることもできるからだ。この図法は世界のどの場所でも地図の中心点におくことができ、たとえば世界の主要都市を中心点にしたものを作り、そこから世界への最短航空路を正確に計測することができる。この図の最大の欠点は、半球の枠の線を越えると、地形と領域のゆがみがかなり大きくなってしまう点にある。

地図３　正射影図法

地図４　等距離方位図法

③水平な緯線が使われる世界地図

ここで説明される最後のグループは緯線が横方向に描かれたものであり、東西関係が正確に表現されたものだ。これによってこの地図は高緯度になるにつれてゆがみは大きくなるが、それでもシンプルで略図化されたものになる。この図は世界全体を簡単に表すことができるので、世界の問題を分析する際にはとても便利であると考えられている。

この図には二つのタイプがある。一つはシヌイソイダル／正弦曲線図法（sinusoidal projection：**地図５**）であり、もう一つはマローヴェイド・ホモグラフィック／正積擬円筒図法（Mollweide homalographic projection：**地図６**）である。これらは「正積図法」であり、そのおかげである領域の土地の配分の問題を考える場合に有利な図となる。ところがこの二つの地図も、図の北辺だけでなく東西の外縁部でも決定的なゆがみが出てしまう。この二つの図が全世界を分析するのに絶対に使えない最大の理由は、曲がった経線を使っているために、それらを引き伸ばすことができないという点にある。つまりこれは二つの半球を一度に見せようとしても地図を東西方向に引き伸ばすことができない、ということを意味している。地球表面の大陸間の関係をハッキリと表示するためには、時として地図を横方向に引き伸ばすことが必要になってくるのだ。

地図５　シヌイソイダル図法

地図６　マローヴェイド・ホモグラフィック図法

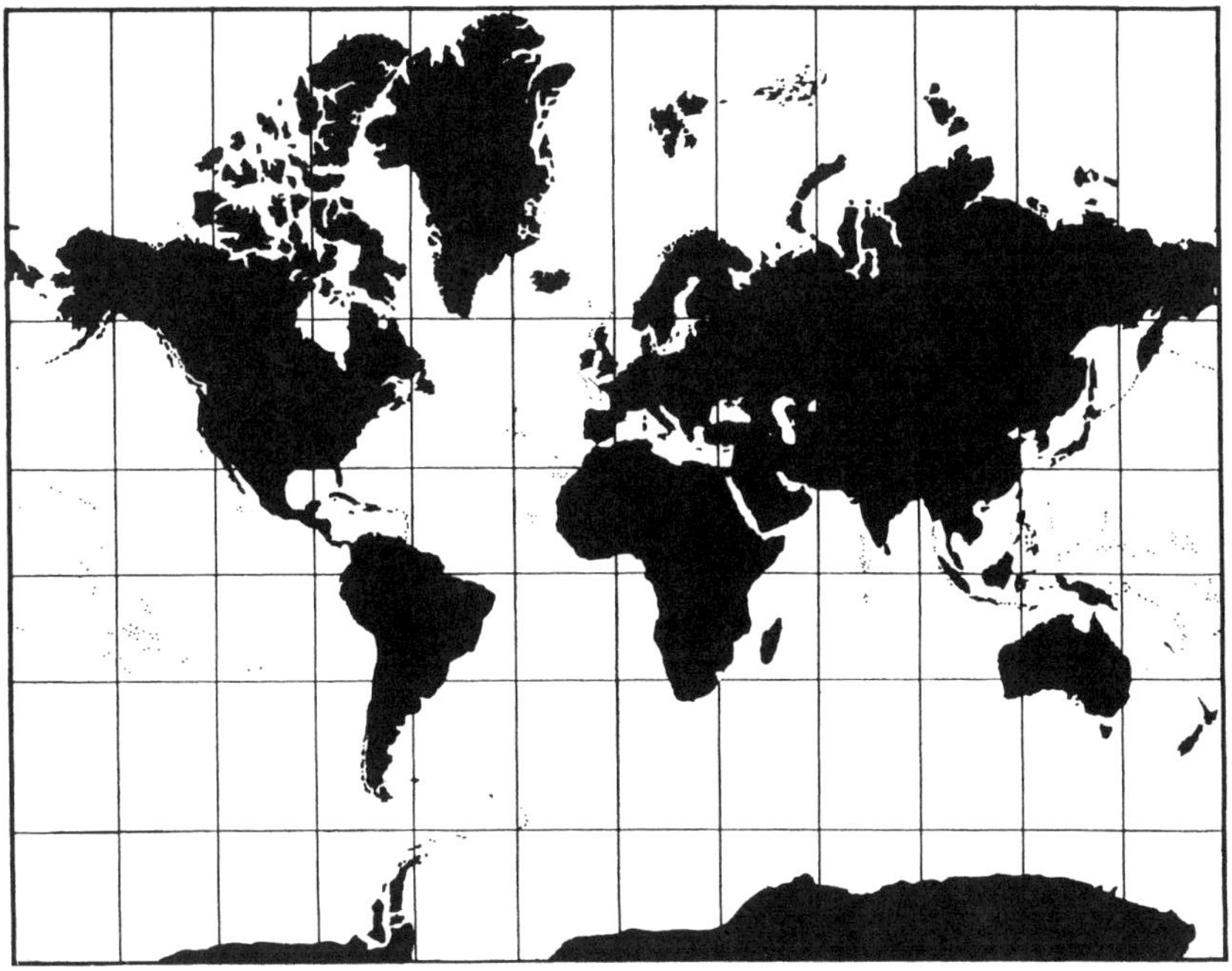

地図7　メルカトル図法

世界全体を同じ地図の中で二度以上表示することができる唯一の投射図は「円筒図法」を使ったものである。この種の地図は、地球上の地表全部を円筒で包み、それを平面に広げたイメージを描いたものである。経線は赤道上で均等に並ぶ縦の線であり、しかも緯線は横の線となるために、大陸は東西方向に何度でも繰り返し描くことができる。

このタイプの地図で最も有名なものはメルカトル図法（Mercator：**地図7**）であり、これは緯線が均等に当てはめられているために、経線と緯線に囲まれた四角の部分の面積が、地球上のどの部分でも同じ大きさとして表示されることになる。つまりこれは全方向への向きが直線であらわせられる「正角図法」になる。この図法では北極と南極に近づくにつれてスケールの違いが出てくるために、南北で緯度が高い場所に近

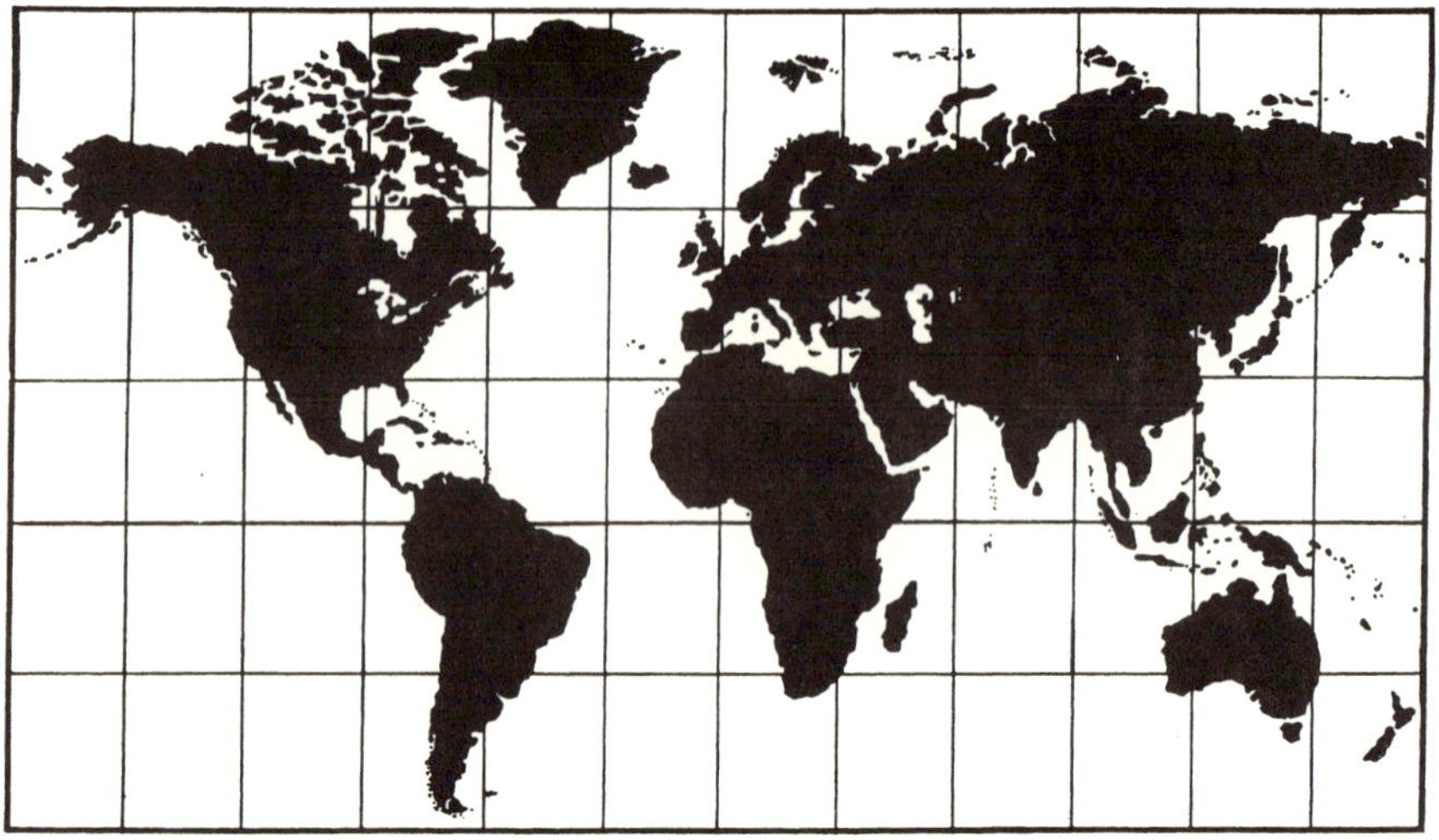

地図８　ガルの立体図法

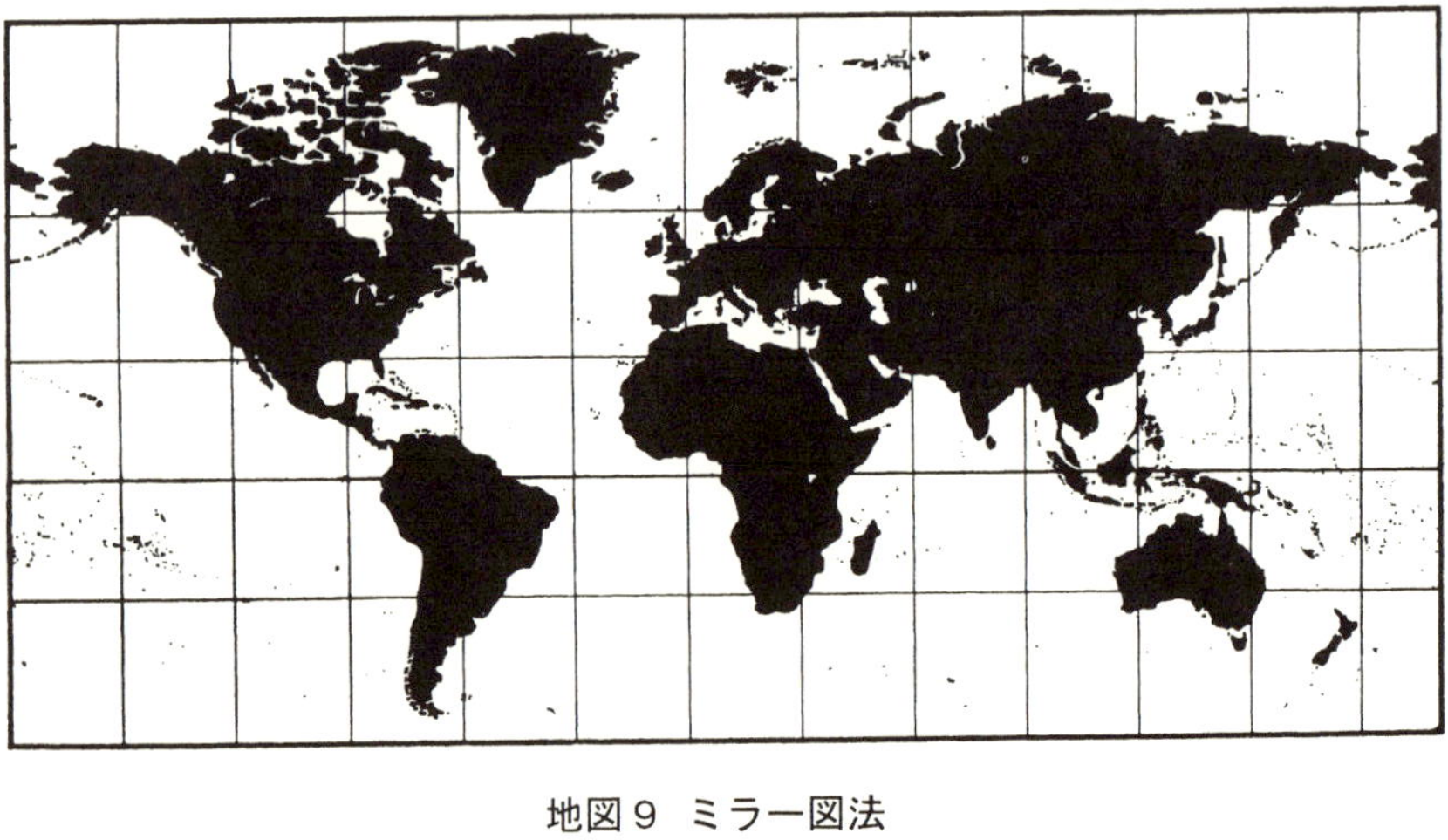

地図９　ミラー図法

づくにつれて、その表示される領域はゆがんでくる。このような不都合は、いくつかのメルカトル図法ではうまく解消されている。たとえばガルの立体図法（Gall's stereographic projection：**地図8**）では、北緯四十五度、南緯四十五度の地点で地球を切り取っている円筒が想定されている。本当のスケールで表示されているのはこのたった二つの緯線だけなので、赤道付近の地表の大きさは縮小され、極点に近い地表の大きさは誇張されることになる。しかし、極点でのゆがみはメルカトル図法よりもそれほど大きくない。また、アメリカ地理協会のミラー（O. M. Miller）が最近になって開発した図法（**地図9**）は、南北それぞれ四十五度の緯度まではメルカトル図法と全く一緒だが、高緯度におけるゆがみを物理的に少なくしてある。

世界地図の選択

いままで地球上の国家間の政治関係を表すのに使われてきたのは、主にメルカトル図法によって代表される「円筒図法」、つまり経度が0度というグリニッジを南北に走る軸を視点の中心にして描いたものであった（**地図10**）。この図法は、ヨーロッパを中心におき、その他すべての地域をその周辺においている。大航海時代のヨーロッパは世界中に支配を拡大しており、このようなヨーロッパ中心の地図というのもたしかに正確であったということができる。なぜなら政治支配を世界に広げたのはヨーロッパであり、世界中の国家のパワーポジションを主に決定していたのもヨーロッパ内の勢力の安定度だったからだ。

世界の大部分の地域の名前がつけられたのも、そのようなヨーロッパ中心の世界の中での出来事であった。「西半球」、「近東」、「極東」など、これら地域を表す言葉は、すべてヨーロッパが中心におかれた世

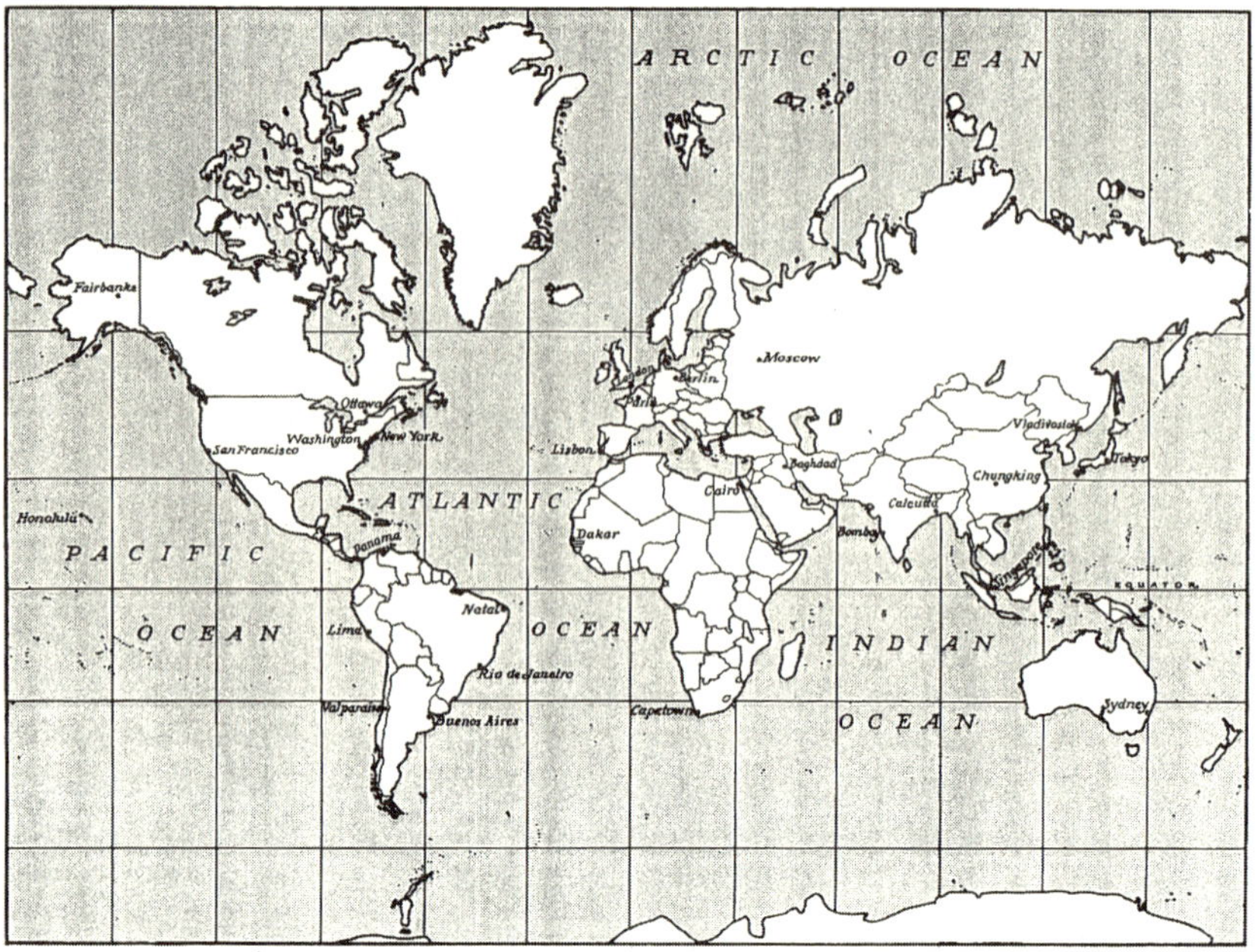

地図10 伝統的なヨーロッパを中心においたメルカトル地図

界地図を想定してつけられたものだ。たしかにメルカトル図法のゆがみを修正するためにそれ以外の図法が使われるようにはなったが、それでも中心として選ばれる経線は、ほぼ常にグリニッジ天文台のそばを通るものばかりであった。

よって、世界の権力の中心がヨーロッパにあり続け、しかも世界の支配を争う主な国々がヨーロッパに存在し、それ以外の地域の国々が植民地、もしくは半植民地的な状態のままでいる限り、このヨーロッパを中心においた地図は完全に満足のいくものだったのである。ところが二十世紀の幕開けとともにヨーロッパ以外の地域から権力が勃興することになり、ヨーロッパの独占的な地位に挑戦するようになった。西半球と極東に生まれた強力な国家（訳注：アメリカと日本）は、ヨーロッパとはかけ離れた独自の発展をするようになり、世界を自分たちの目で見はじめるようになったのである。

世界のパワーの分布においてこのような大胆

な変化が発生したことは、国際関係のストーリーをさらに正確に教えてくれる新しい世界地図を紹介するキッカケとしては最適である。たとえばアメリカを中央においた「円筒地図」は、ヨーロッパと極東に対する現在のアメリカの地理的なポジションの関係をハッキリと見せてくれる。現在のアメリカは鉄道とパナマ運河で結ばれた大陸国家であり、その両岸から大西洋と太平洋を越えてユーラシア大陸の両岸に簡単にアクセスすることができる。

ところが現在の戦争（訳注：第二次世界大戦）では、そこに飛行機という新しい要素が加わることになった。何人かの人々の考えでは、これは大国とそのパワーの行使の仕方を完全に変えてしまい、円筒地図では現在の世界の状況を適切に描くことができなくなってしまったのだ。この考えに従えば、大西洋と太平洋にある前線は、我々が旧世界と接している最も重要な場所ではなくなったことになる。新しい前線は飛行機が支配する北側にあり、戦時・平時を問わず、この前線の戦略面における重要性がその他の前線のそれを即座にしのぐようになるのだ。エアパワーによって、北側の前線は我々とユーラシアの権力の中心地を近づけたので、これから戦争の戦略に使われる正確な地図は、この前線に注目するようなものでなければならない、という風に主張されている。

この場合に最も適した地図は「極点等距離方位図法」（polar azimuthal equidistant projection：**地図11**）である。この図法は距離、方角、そして北極付近の位置関係を強調して正確に表示するだけでなく、極点から赤道までの二〇度以内の北半球の地表を、従来のどの地図よりも正確に表すことができる。地球上で最も経済的・政治的に重要なのはこの地域であり、したがって、あまり重要性のない南半球はゆがんで表示されてもそれほど支障はない。また、極点等距離方位図法は北極海周辺の陸地の連続性を示しており、それに対して伝統的な円筒図法では海がとぎれて表示され、西半球を辺縁的な場所に位置させ、それ

地図11 極点を中心においた等距離方位図法による地図

によって西半球の重要性とユーラシアとの一貫した関連性を指摘できなくしている。また、このような図式を使えば、世界の一体感というものをリアルに感じとることができる。「新しい地理」（new geography）を主張している人々にとって、今までメルカトル図法が世界情勢にもたらしてきた罪は重く、また世界的な大戦争に関わらざるを得なかった人々にとっては完全に使用禁止にしても良いくらい害のあるものであると言えるだろう。現在の世界情勢にとって北半球の高緯度の地域はそれほど重要なのであり、この図式によって発生するこの地域のゆがみは極力抑えておかなければならないことになる。

もちろん、私はここでエアパワーの重要性を否定したり、それについて疑問を差し挟もうとしているわけではない。しかし私はあらゆる力の行使に影響を与える「地理」という要素を通じて、エアパワーの重要性が実際にどのような効果を持っているものかを慎重に見極めたいと思っている。大西洋、太平洋、そして北極という、旧世界と新世界を隔てる海の前線は、常に、そしてこれからも、時代ごとにさまざまな地政学的重要性を持ち続けることになるのだ。大西洋は過去三百年間にわたってヨーロッパとアメリカを結ぶ公道であったし、太平洋もほぼ同じ期間にわたって、極東への広い道を提供し続けている。ところが北極海は主に二つの半球の間の「障壁」として機能してきた。多くの人々が北西方向への航路を求めて北極圏で英雄的な探検や試練に挑戦してきたが、その気候とテクノロジーの限界のおかげで、つい最近までこの地域は人間にとっても地球上で最も厳しい場所のひとつであった。北極圏の沿岸地方というのは、南極大陸やサハラ砂漠に次ぐ、地球上で最も不毛の土地であり続けている。

飛行機は、我々にとって北極付近の過酷な自然と戦うための新たな武器となっただけでなく、北米とユーラシア大陸の間の長距離を結ぶ航路のおかげで、北極圏を越えることも可能にした。しかしながら、近い将来この三つの海域の重要性がそれほど変化することはないだろう。たとえば一九四〇年に北極海が航

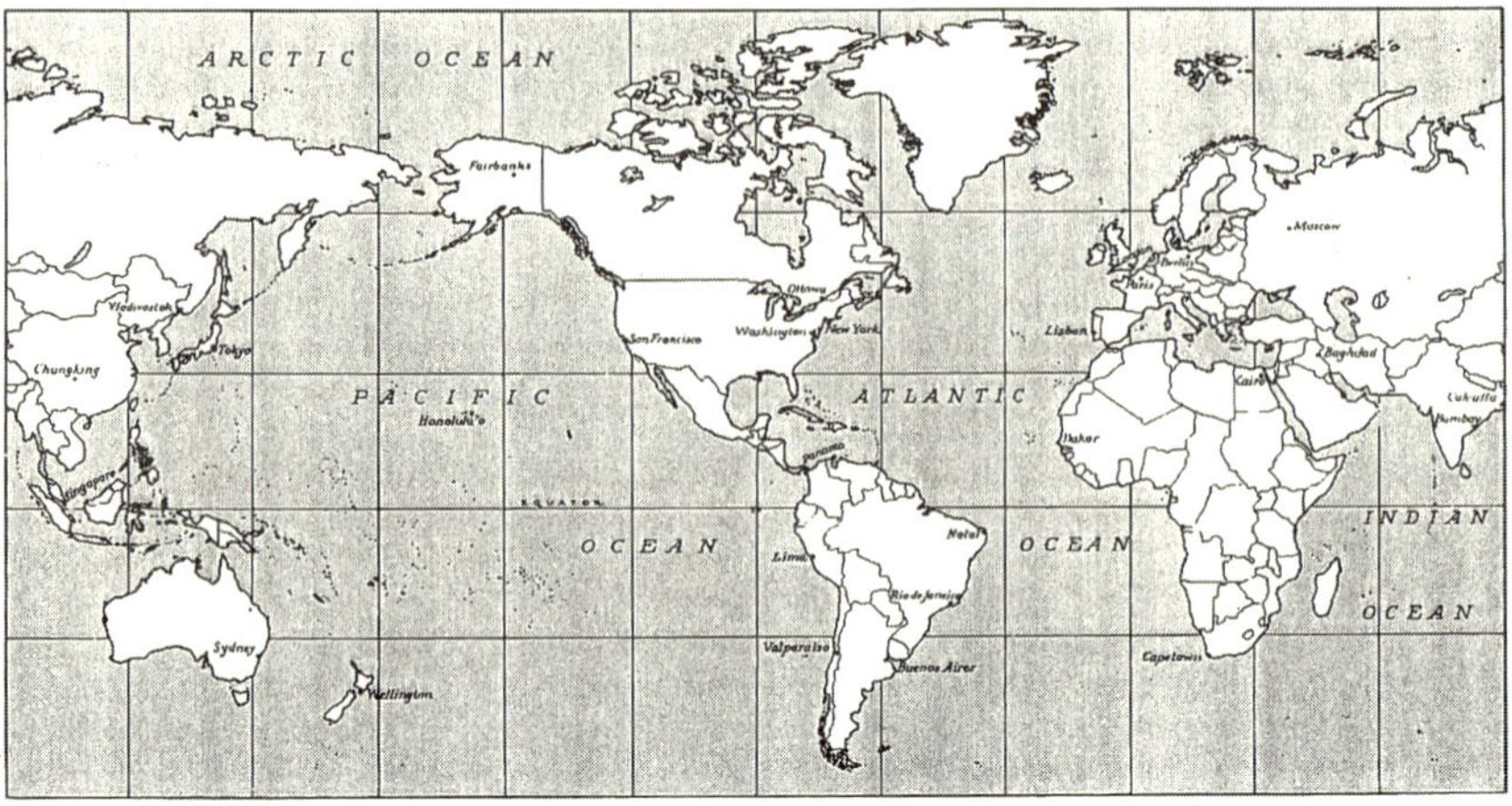

地図12 西半球を中心にしたミラー図法

海可能となった百日間のうち、この海を渡った百隻の貨物船と十三隻の砕氷船は、最大で十六万トンの荷を運んだだけだ。これらの船に乗客と数トンの貴重品を運んで北極圏を飛ぶ飛行機の量を加えても、大西洋や太平洋を通過する数千隻の船や何百機もの飛行機が運ぶ量を越えることは当分ありえない。たとえば貿易がごく普通に行われていた一九三七年には、アメリカの大西洋側の港から一〇四六万一一三六トンの貨物が輸入され、二〇四五万六九三四トン分が輸出されており、太平洋側の港でも四〇七万五〇八〇トンが輸入され、一一七四万六九六二トンが輸出されている。よって、北極海上空の交通路が大西洋や太平洋を通る海上交通路と競い合うようになるまでであと何年もかかるのは確実だ。

　たしかに北半球の多くの都市間の最短距離は、北極を越える大圏を通っているし、この地域の成層圏を通過するのは、他の地域の成層圏の通過の厳しさとそれほど大きな差がないことも事実だ。それでも長距離を越える大規模な空輸を行うための土地と海上ルートの開発にとって、「気候」という要因が強力な障害になるという事実は変わらない。しかも土地と海上ルートが開発されるようになると、空路はますます北極から遠ざかり、開けた海に近い場所を通ることになる。よって、戦時・平時を問わず、現在でもごくわずかの交通量しかない北極海を通過する交易路がこれからどんどん拡大し続ける、という考えは明らかに誇大妄想である。したがって、アメリカにとって最も重要性の低い地域にある海の前線を強調したり、地球最大の無人地帯に注目したりするような世界地図を使ってアメリカのポジションを説明することは、実はあまり意味がないのだ。

我々はあらためて極点の地図を見ることによって、世界が丸く、しかもその大陸が北側に偏って位置している、ということに冷静に気づく。たしかに何人かの批評家たちは、このような平面に描いた極点の地図が思ったよりも丸い形を表現しているという新しい発見に大喜びしすぎているようだが、それでも彼らは我々の軍事関係者に新しい戦略的な可能性を考えさせるという点で意味があるといえる。しかしそれでも極点から見た図法が全面戦争におけるアメリカの問題を理解する上ではかなり限定的な役割しか果たすことができない、という事実は残る。世界における北米の位置の重要性は、「凍りついたカナダ北部やロシアのシベリア地方の海が、実は陸に囲まれている沿岸地帯である」ということや、「マッケンジー川やレナ川が氷に覆われた同じ海に注いでいる」という事実にあるのではない。それよりも本当に重要なのは「我々の大陸が旧世界の権力の中心地であるヨーロッパとアジアにはさまれて位置している」ということであり、「その二つの地域から海を隔てて位置している」ということなのだ。

たしかに、世界は丸いということや、メルカトル図法の地図上では二つの地点の最短距離は直線ではなく弧を描くものである、などの事実は重要であるが、それよりも重要なのは大西洋と太平洋の中緯度の地点には権力と通信・交通のコミュニケーションの中心地がある、ということなのだ。世界の力関係を地政学的に分析したものは、それがどのようなものであっても、メルカトル図法のような「円筒投射図」を使ったほうがより適切に描くことができる。最近開発されたミラー図法（**地図12**）は、メルカトル図法が持つ赤道から南北四十五度の緯度までの正確さを維持しつつ、高緯度のゆがみを少なくしており、地政学の分析には最も便利なものである。このような図法は、戦時と平時の両方で海上交通の際に重要となるカナダ、グリーンランド、アイスランド、アラスカのような北側の地域の重要性を表す際にも、さらに有益になることを表している。このような図法を使えば、これらの地域を通過する旧世界と新世界を結ぶ決定的に重要なルートを明示するのは決して難しいことではない。

よって、我々が地政学の分析に使う際に最適な図法は、ミラー図法で描かれた円筒図法である。これによって我々はアメリカの地政学的なポジションを説明する要因を、地理的に検証することができるのだ。

＊本章で使われる地図はGeneral Cartography by Erwin Raisz, New York, McGraw-Hill Book Company, 1938, そして、Elements of Map Projection by Charles H. Deetz and Oscar S. Adams, Washington, United States Government Printing Office, 1938.の二冊のものを元にしている。

III

西半球のポジション

西半球を中心にして描かれた円筒地図はアメリカと世界との位置関係を我々に教えてくれるが、これは「包囲」(encirclement)という言葉によって最も適切に言い表すことができる。新世界が地理的に旧世界の大陸によって包囲されているこのようなイメージは、「等距離方位図法」によって描かれた地図で見てみるとさらに印象深いものとなる。ミズーリ州のセントルイスを中心においた地図(**地図13**)、北極を中心にした地図(**地図14**)、そしてパナマ近辺を中心においた地図(**地図15**)などでそれぞれ見てみると、ユーラシア大陸とそれに続くアフリカ大陸やオーストラリアは、北極、大西洋、そして太平洋と共に、扇のように広がって南北アメリカ大陸をとり囲んでいる。西半球を中心においた地図では、同じ西半球でもそれぞれ異なる場所が地図の中心点になっているが、これはユーラシア大陸とその中心点の関係から地図で強調される部分が変化することを示している。なぜなら地図を見る人にとって、地図の中央というのは、

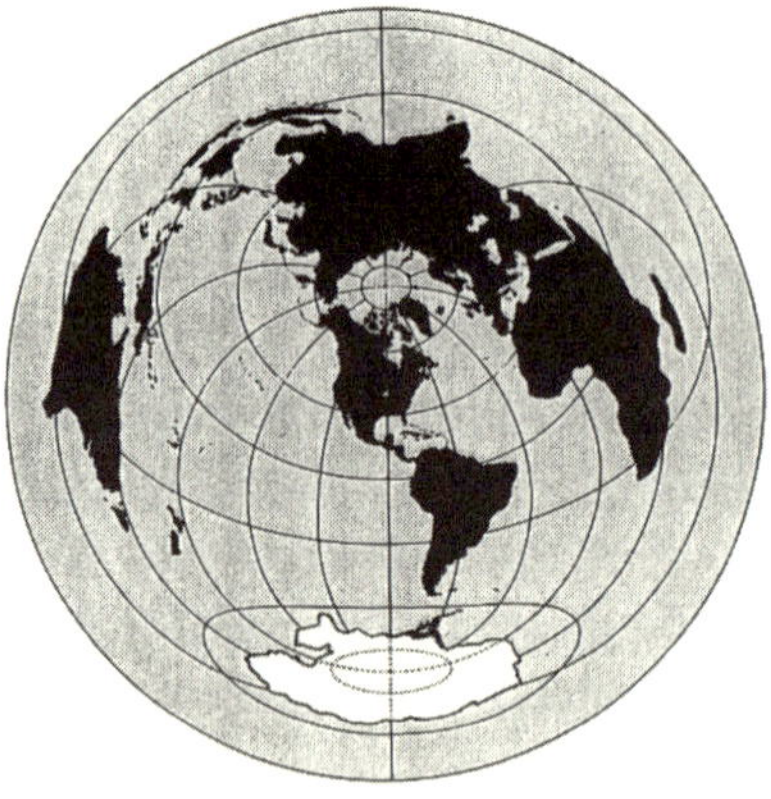

地図13 セントルイスが中心

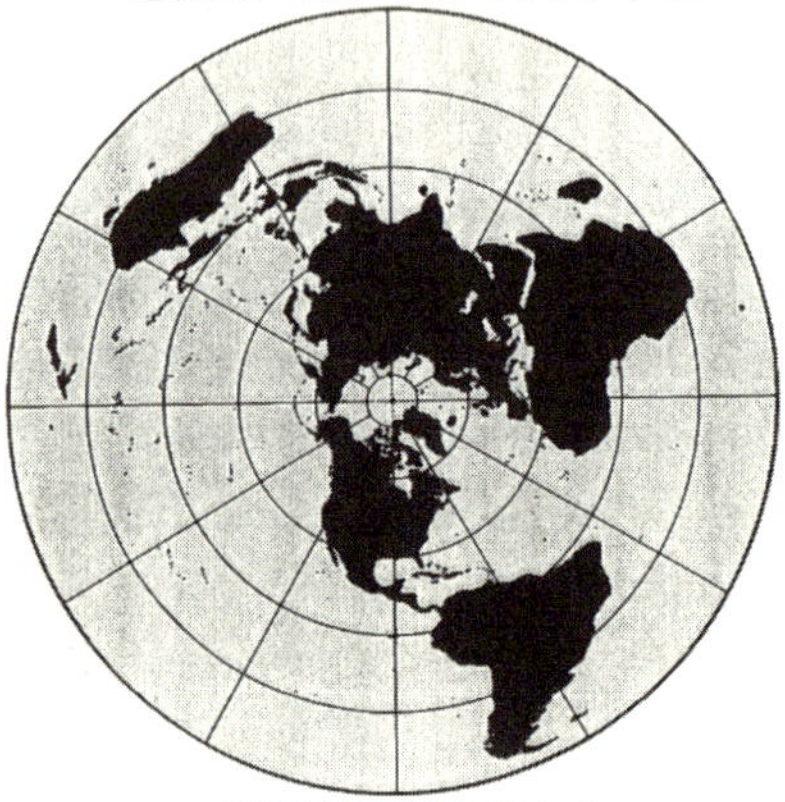

地図14 北極が中心

地図15 パナマ運河が中心

地図16 東京が中心

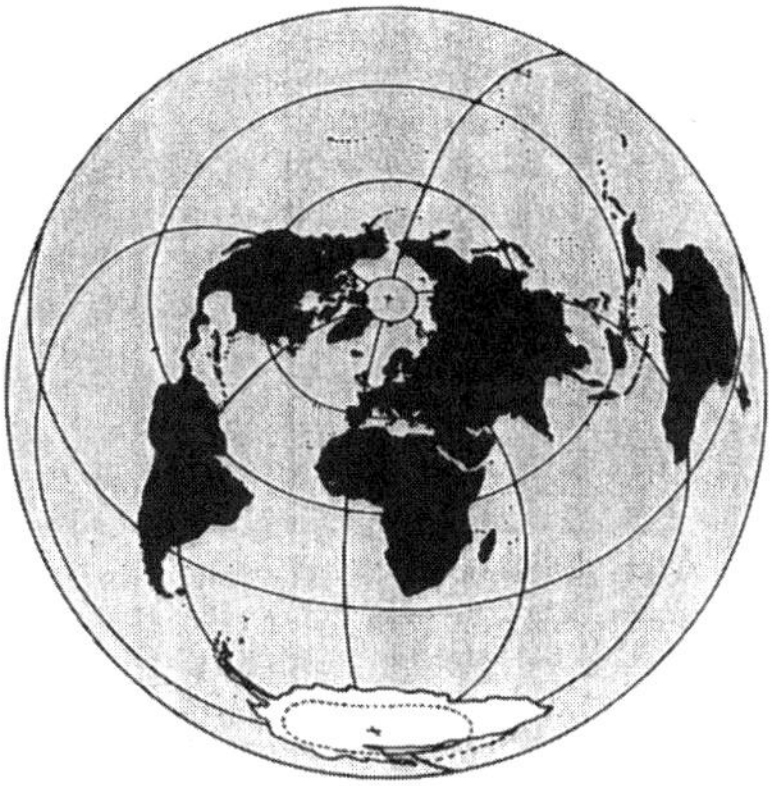
地図17 ベルリンが中心

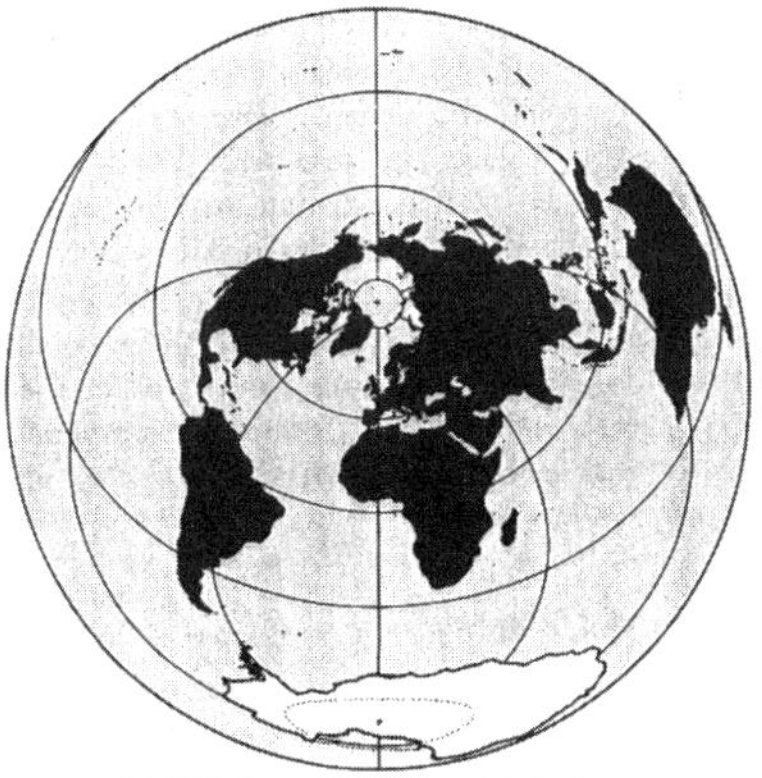
地図18 ロンドンが中心

地図19 モスクワが中心

必然的に最も重要な場所に見えるからだ。それでも南北アメリカが地理的に包囲されているという事実はハッキリしている。

ところがこれらの「方位図法」を使った世界地図を詳しく分析してみるとわかるのは、自国を図の中央においた投射図を使ってあらわしてみると、世界のどの国も「世界中に包囲されている」という風に見ることができるということだ。中心点をそれぞれ東京（**地図16**）、ベルリン（**地図17**）、ロンドン（**地図18**）、そしてモスクワ（**地図19**）に置いてみればわかるように、このような地図では、日本、ドイツ、イギリス、そしてロシアの人々に対して「脅威を及ぼす大陸に包囲されている」ということを示すことも可能である。地球上では、全ての地点がその他すべての地点によって囲まれているのだ。したがって、もし「包囲」のようなアイディアが国際関係の研究にわずかながら役立つものであるとすれば、それは単なる「地図に描かれている陸地」よりもさらに多くのことを意味していることになる。ある国家の戦略的・政治的なポジションを明確にするためには、それ以外の要因も十分考慮に入れて考えなければならない。

「包囲」という言葉は、普段の政治や経済を語る場合よりも、戦場で多く使われるものだ。敵の破壊を目的とする軍事作戦ではほとんどの場合、敵を寸断したり、敵の一部か全体を包囲したりすることなどが含まれている。実際のところ、自分よりも強い敵に完全に包囲されてしまえば、その軍隊の敗北は決定的であるといってよい。一九三九年のポーランドや一九四〇年のフランスで起こったことは、この原則を最も鮮やかに教えてくれる典型的な例だ。また、連合軍がチュニジアで行った軍事作戦は、敵と同等の兵力を持っている我々の将軍たちが意識的にこれを狙っていけばこのようなことも可能だということを示している。このような戦場の分析は、国際世界の場合でも十分通用する。なぜならその両方でパワーを求める争いが繰り広げられているからだ。しかしながら、戦場の将軍のほうが戦闘の実行と自分の軍隊の対処を比較的自由に行える。なぜなら彼のほうが自分の軍隊の動きを直接的にコントロールすることができるからだ。もしこの将軍の持っている装備や組織が優れたものであれば、彼は敵の軍隊を最も効率よく阻止して囲い込むために、自分の指揮する兵員や物資をどこへでも望む場所へ展開させることができる。この場合に唯一の障害となるのは戦場の地形と敵の兵力だけである。

一方、国家の指導者というのは、精神・物質の両面でそれぞれ異なる利益や欲望を持つ人々によって構成されている「国家」というものを率いる必要があり、ありとあらゆる物事を考慮に入れなければならない。彼の持っている領土、資源、装備は、自然や歴史の偶然によってその限度が決められており、それらの基本的な特質は変化しない。ある国の国民の願いや要求というものは長い年月の間に変化していくものであり、ある一定のプレッシャーがかかれば特殊な状況にも順応できるが、陸地の物理的な特徴や天然資源はほとんど変化することはない。このような国家の物理的な条件が急速に変化するのは、テクノロジーの飛躍的な発展が起こった場合だけだ。よって、自国の政策を決断しなければならない国家指導者は、まず最初に国家を条件づけているさまざまな要因を考慮しなければならない。もしこの指導者の国の隣に強力な国があって、しかも三方を海に囲まれているとすると、この指導者の対外政策は地理条件に確実に影響されることになる。この指導者は自国の地理的なポジションの安全を確保するために、海へのアクセスという利点を活用したり、政治同盟を結成することによって、この強国のパワーを最小限に抑えようとするのだ。この指導者は、隣の国があまりにも強力になりすぎて、政治面でも自然資源でも自国の安全保障を確保できなくなるような事態が発生するのをなんとしても避けなければならない。

対外政策の枠組みをつくる要因

したがって、国家の対外政策というのは、主に世界における国家の位置関係（ロケーション）の面から検証されなければならない。（自然資源を含む）国土の大きさと地形は、国際関係における国家のポジションを決定する位置関係と同じくらい最も重要な要因となる。ある国が自分たちよりも自然資源や潜在的なパワーの面で勝る国々に囲まれていたり、防御に適した地形を持っていないと、この国にとって「包囲」されている状態は本物の脅威となる。安全保障を確実にするために、国家指導者はこのような状況を考慮して行動し、完全に包囲されることを防いだり最小限に抑えたりすることを追求しなければならない。

西欧の三つの小国家（**地図20**）の戦前と戦中の例は、この結論が正しいことをハッキリと示している。オーストリアがドイツに併合された後のチェコスロヴァキアは、ほぼ完全にドイツの領土によって囲まれることになり、地形による唯一の防壁であった北西の国境付近の山脈も突破されてしまった。ポーランドは防御になるような山地を持っておらず、ドイツによる包囲は特に東プロシアの存在によって脅威となっていた。チェコスロヴァキアにおけるドイツ外交の勝利によってポーランドは完全に無力化され、戦時の国防は不可能になってしまった。ユーゴスラビアでも同じ状況が存在したが、この包囲は領土的なものと

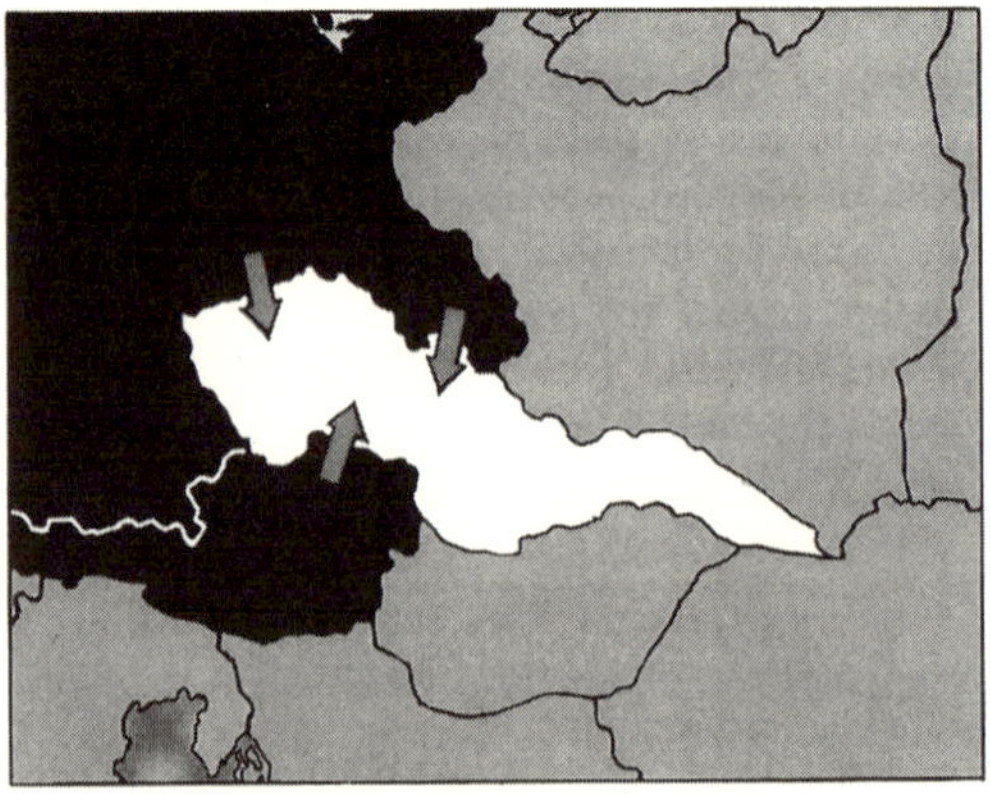

1938年のチェコスロヴァキア

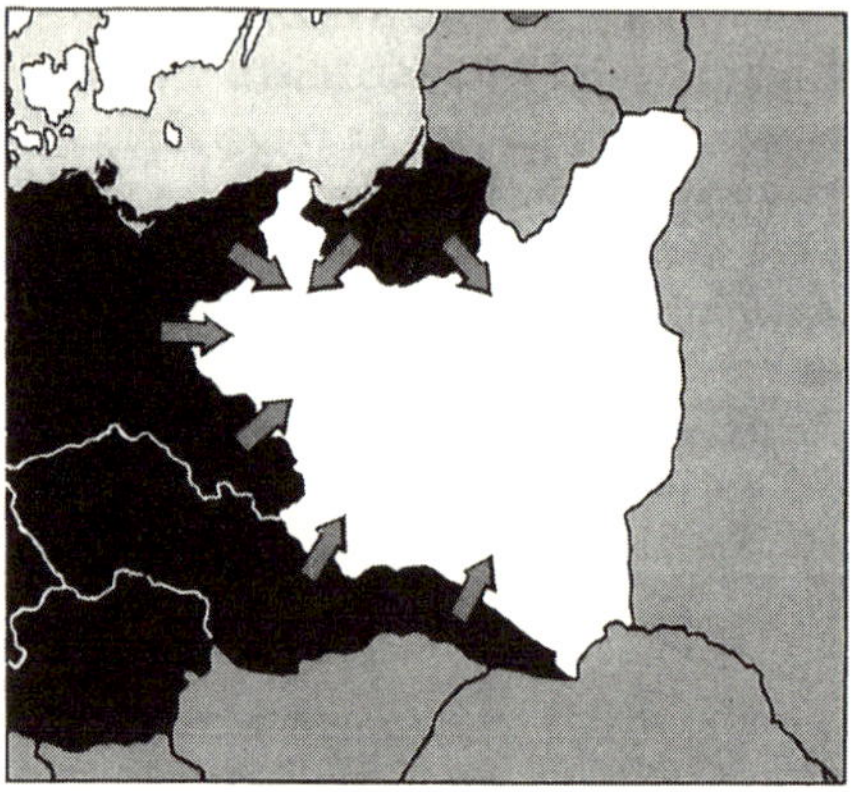

1939年のポーランド

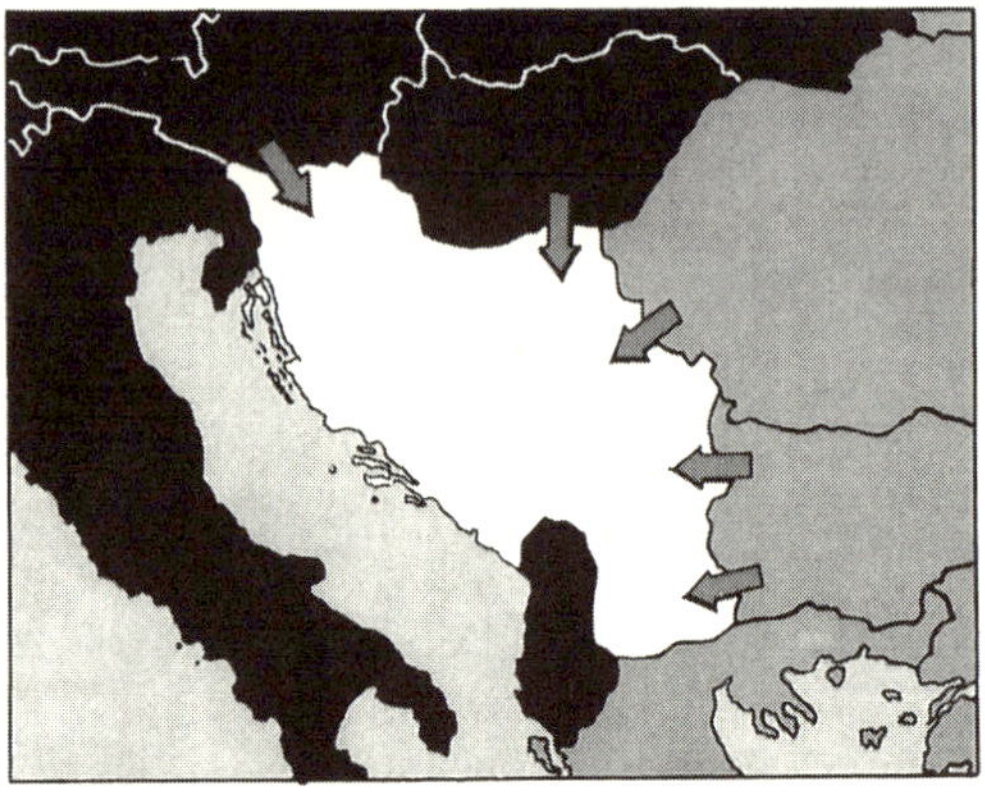

1941年のユーゴスラビア
地図20 地理的な包囲

いうよりもむしろ政治的なものであった。ユーゴスラビアはドイツによって政治的に支配されているハンガリー、ルーマニア、ブルガリア、そしてイタリアなどの敵に囲まれており、これによって降服は避けられない状況となってしまった。

しかしながら、国家が領土的に包囲されても、周辺を「囲んでいる側」の国の経済力が「囲まれている側」の国家の潜在的パワーのバランスを圧倒できるほど強力でなければ、その包囲はほとんど意味をなさない。したがって、ある国家の状態を見極めるには、その周辺の自然資源や工業力を注意深く分析し、それらがどれほど活用できるものであり、しかも実際にどれだけの力があるかを比較する必要がある。

それ以外にも、包囲という状況は、二つの地域の政治的統合が比較的うまくいった場合にのみ実力を発揮することを忘れてはならない。チェコスロヴァキアの包囲の例からもわかるように、ようするにこれは「囲まれた側」の国の領土が一国の政府によって支配されている場合と、ユーゴスラビアのように複数の国家によって構成される政治同盟によって行われている場合では大きな違いがあるのだ。この状況の深刻さは、(領土的に）包囲を形成している国家間で結成された同盟組織の性質や範囲によって簡単に計測することができる。言いかえれば、我々は地理、経済、そして政治面のすべての要素を分析しなければならないのであり、これらの三つ全てが検討された場合にのみ、国家のポジションが持つ本当の意味を把握することができるのだ。

ロケーションと世界権力

ここまで我々は国家の地理的な位置関係（ロケーション）がその国家の安全の基本的な部分を決定する

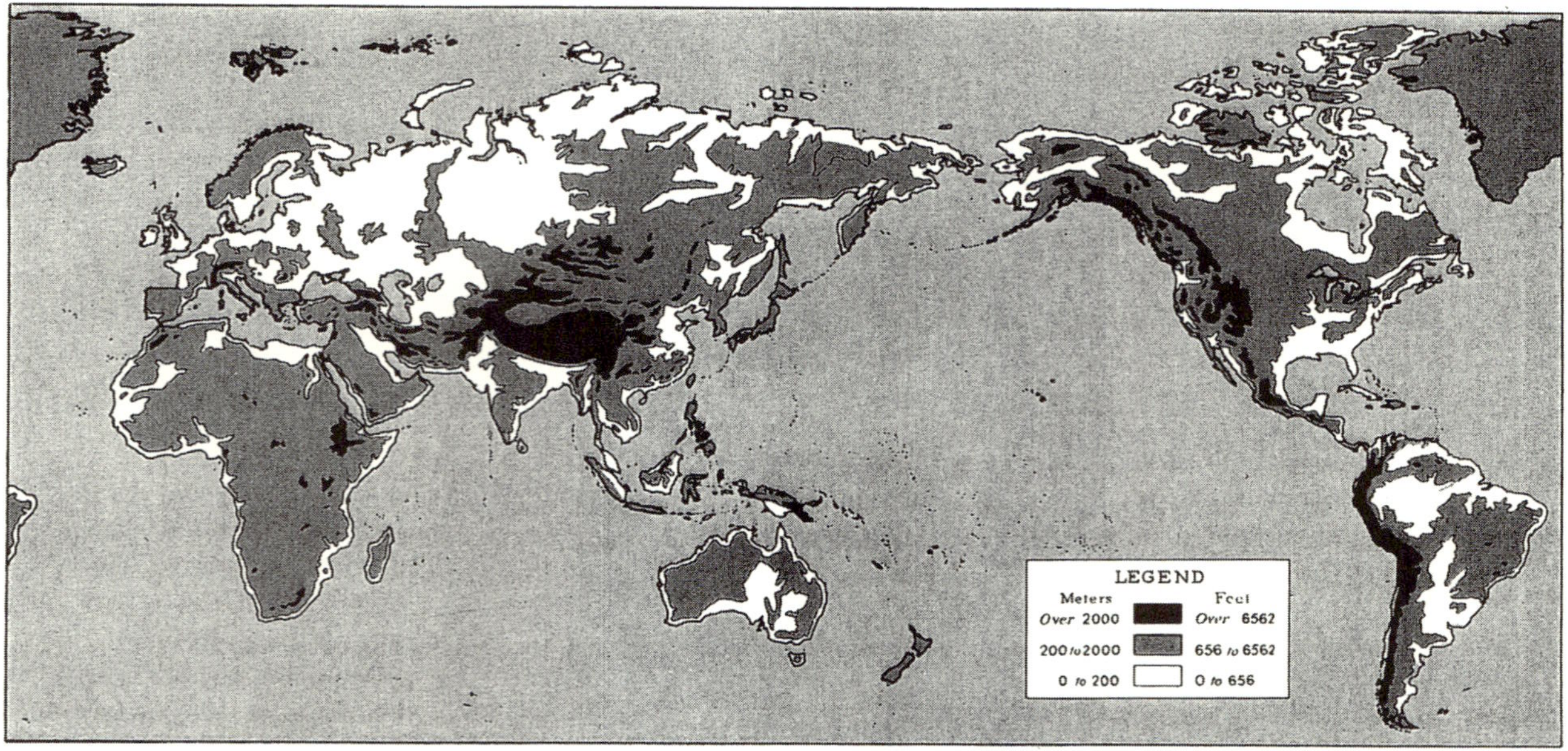
LEGEND
Meters Feet
Over 2000 Over 6562
200 to 2000 656 to 6562
0 to 200 0 to 656

地図21　世界の地形

ことを見てきた。この世界の中の位置関係は、気候とそれに影響された国家の経済構造を決定し、地域の中の位置関係は潜在的な敵と同盟相手を決定し、そしてさらに国家が集団安全保障システムに参加する際の役割を限定してしまうこともある。安全保障問題を理解するために必要な地理の位置関係は、国家が存在する地域の地形的特徴を描写することによって、さらに明確になってくる。

我々が西半球に対してこれまで抱いていたイメージは、南北アメリカという大きな大陸が大西洋、太平洋、そして北極海という三つの海に囲まれている、というものであった。ロッキー山脈のおかげで、主な北米の地形の特色や、人口、資源、そしてアメリカの産業の発展も、すべて大西洋のある東側に向かって位置していた（**地図21**）。太平洋沿岸には港が少なく、極東の経済に対して補足的な役割しか果たせないような経済規模しかない。太平洋側は、アメリカ国内の主要地帯から陸上交通によってもアクセスが難しい。しかも太平洋沿岸が世界経済の中で重要性を持ち始めたのは、実はパナマ運河の建設以来なのだ。この中米を通る運河はアメリカ全土をひっくり返すほどの影響をあたえ、アメリカに太平洋への直接的なアクセスを与えることになった。これによって、上海以北のアジアの港に行くには、ランカシャーの工業地帯やリバプール港からスエズ運河を通っていくよりも、ニューヨーク港から行くほうが近くなった。また、太平洋沿岸も大西洋地域に遥かにアクセスしやすくなった。もちろん西半球のパワーの中心地は今でも北米の大西洋沿岸にあるのは間違いないのだが、それでもこれによってアメリカ全体が海を越えて旧世界へアクセスできるようになったのは確実である。

旧世界の地形は、全体的にもっと複雑である。このような地形がヨーロッパやアジアの政治の発展にもたらした影響は、パワーの中心地を決定するという意味で非常に大きい。この広大な大陸にある山や平原は、歴史の始めから人々の動く方向や国家の強さや弱さを決定してきた。この大陸について最も印象的なのは、北極海からトルキスタン地方、そしてバルト海からベーリング海峡にまで広がる、中央にある広大な低地の平原である。この地帯の北側は、北極海沿岸に沿って存在するツンドラと凍った海によってさえぎられており、南、西、そして東側は、ドイツ北部の平原をのぞけば、すべて大山脈によって取り囲まれている。アルプス、カルパチア、ヒマラヤなどの大山脈の向こう側には低地の沿岸地帯が細く存在しており、これらは実質的にいくつもの周辺の海によって仕切られていることになる。この海の公道はバルト海から始まり、ユーラシア大陸全体をオホーツク海まで取り囲んでいる。ここには「ヨーロッパの地中海」(the European Mediterranean) と呼ぶにふさわしい地中海や、オーストラリアをアジアから引き離している「アジアの地中海」とでも言うべき海などが含まれる。ユーラシア大陸を囲んでいる海の沖合にある島々の中で我々にとって最も重要なのは、イギリスと日本である。なぜならこの二国は政治的・軍事的なパワーの中心地だからだ。これらの二つの沖合の島国は、アフリカやオーストラリアという沖合の大陸と共に、旧世界の全体を構成している。

ユーラシア大陸を帯状に囲んでいる周辺の海は、アクセスが容易で安価な交易路を提供することによって主にヨーロッパとアジアの沿岸の平地にある国々の発展に貢献してきた。ところが陸上交易路のほうは、大陸全体の本物の統合が実現不可能であるという事情から、その発展は深刻な困難に直面してきた。旧世界の中央にある大平原は沿岸地方からほぼ寸断されており、十九世紀に鉄道が発展するまでこの広大な低地は一つの国家によって支配されることはなかったのである。不凍港のムルマンスクと年に三、四ヶ月だけ凍るアルハンゲリスク港を除けば、北では凍りついた北極海がすべての海上交通を妨げている。辺境を取り囲む周辺の山々を陸上ルートで越えることができる切れ目のような場所は、実はほんの数箇所しかない。

西と南の方向には、ユーラシア大陸の中央から外洋に向かう最も簡単なルートが開けている。ドイツ北部の平野は、中央の低地から北海を通り、イギリス海峡を抜けたりスコットランド北部をまわれば、外洋へとつながっている。南には黒海があり、これがダーダネルス海峡から地中海へ抜け、そこからスエズ運河と紅海を通ってインド洋に出るルートか、ジブラルタル海峡から大西洋へ抜けるルートへとつながっている。ペルシャの山々にはいくつかの狭い道があるだけで、ペルシャ湾やインド洋へ抜けるのは難しく、アフガニスタンのカイバー峠から険しいヒンドゥークシ山脈の曲がりくねった道を通ってインドの港と海へ出るのも困難である。

この山脈の東側の地域への道は、チベットやモンゴルなどの高原の砂漠につながっているため、さらに険しいものとなっている。天山山脈と新疆ウイグルを通る古いシルクロードは、ロシアのトルキスタン地方から黄海や東シナ海まで曲がりくねって進んでいる。また、モンゴル高原を天山山脈とアルタイ山脈の間の盆地を使って抜けて北京や渤海に至ったり、アルタイ山脈の北部一帯とバイカル湖周辺から満州に抜けたりすることもできるのだ。ここから南に向かって、ウラジオストックや日本海や渤海に抜けることもできる。また、北に向かってアムール川の谷間を通ってニコラエフスクに行き、オホーツク海に抜けることもできる。その他にも、ソ連政府は最近になって夏の二ヶ月の間に何隻かの船が通過できるように、レナ川と北極海東側からベーリング海峡に抜ける狭い航路を開いた。

このように、海が旧世界において経済面、文化面、そして政治面で最も重要な役割を果たしているのは明らかであり、またそれは旧世界と新世界の関係も決定しているのだ。東半球と西半球の間の最も重要な交流は、海の交通路を通じて行われている。アメリカの影響力は、唯一海上交通手段によってヨーロッパと極東に伝わるのであり、ユーラシアの国々のパワーは、実質的に海を通じてしか我々に届かない。これはエアパワーの発達によっても変わらない。なぜなら特別な物資などを除けば、運搬される荷物のほとん

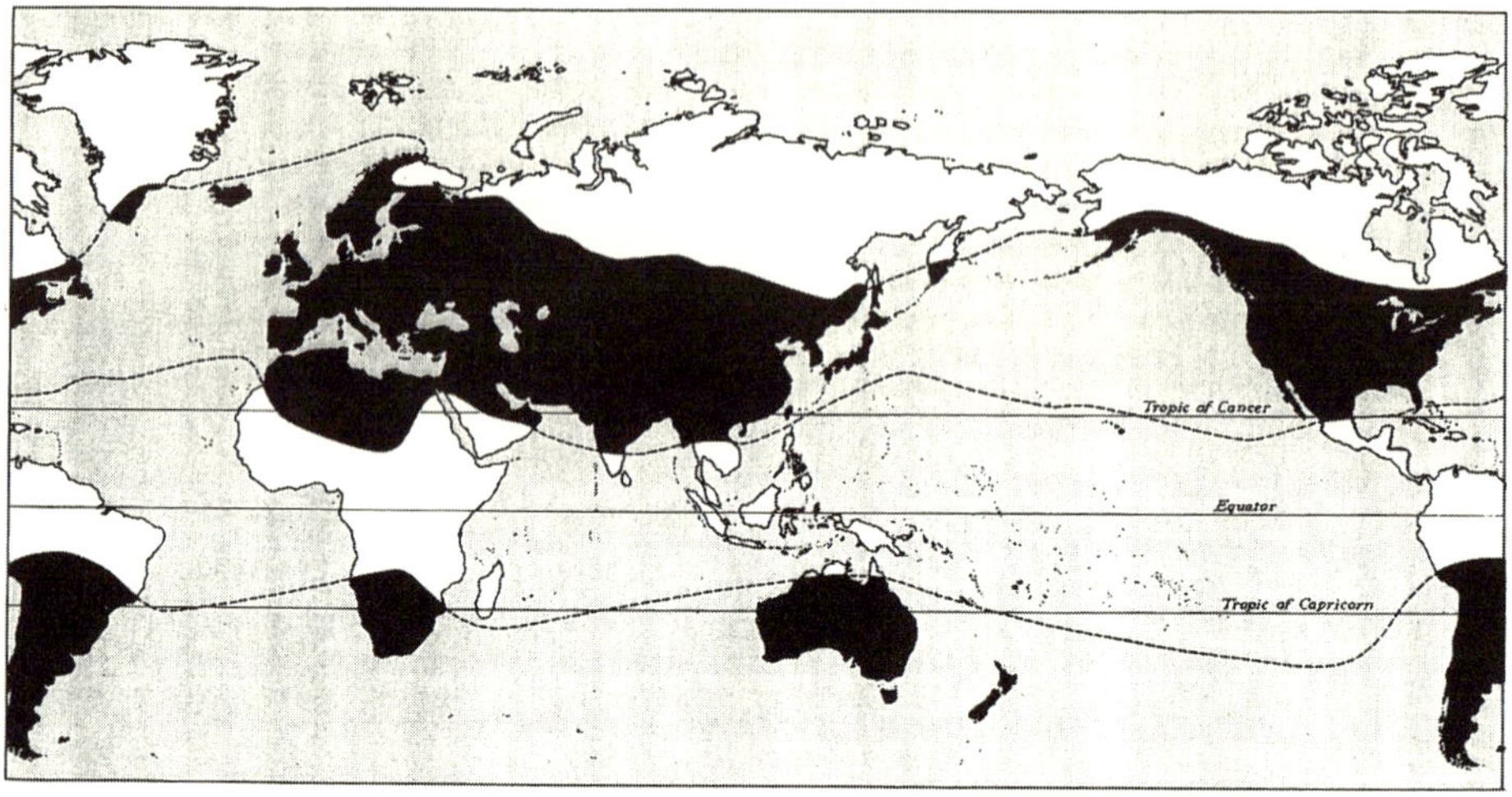

地図22 気候のベルト

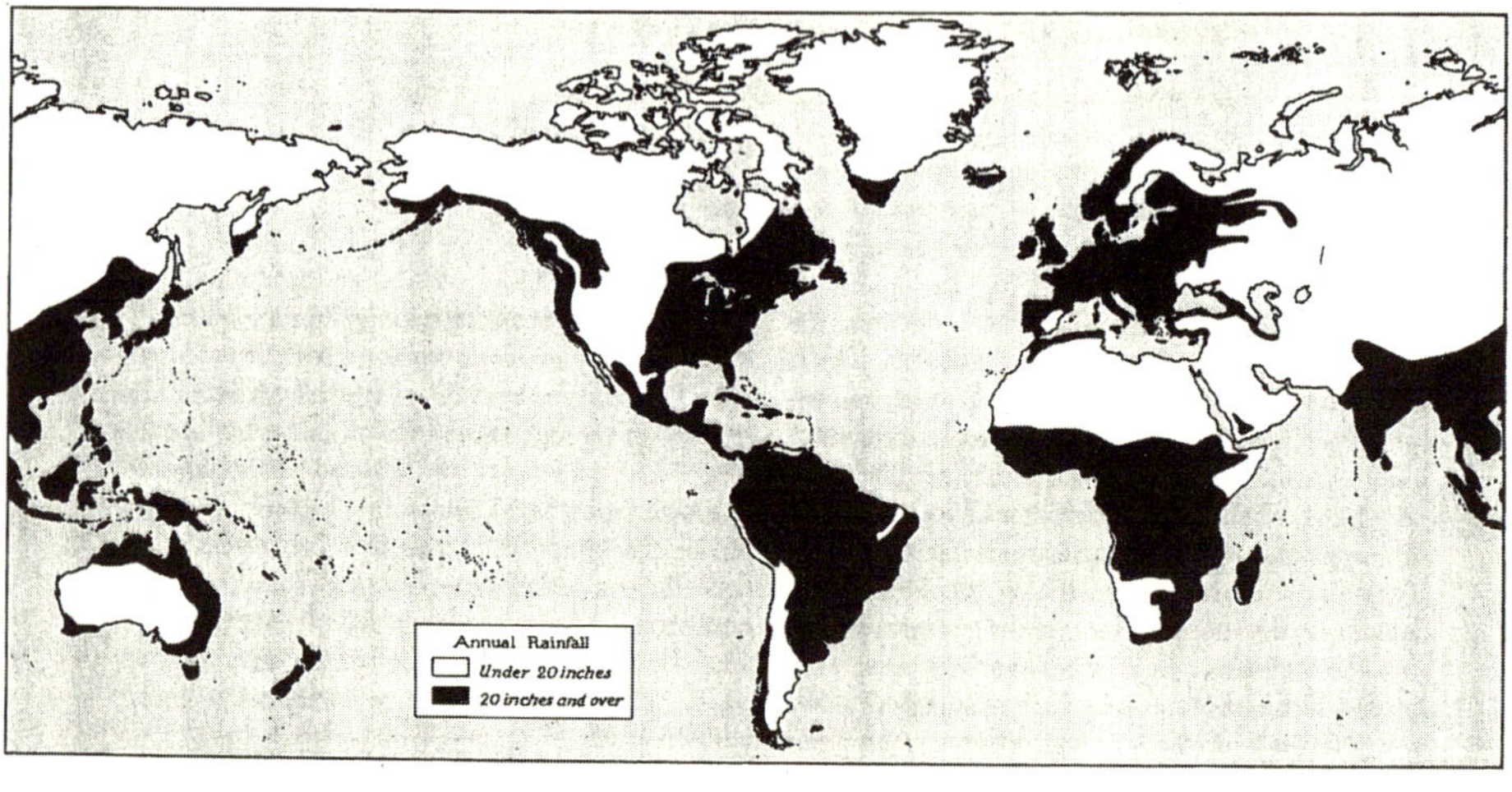

地図23 降雨量の分布

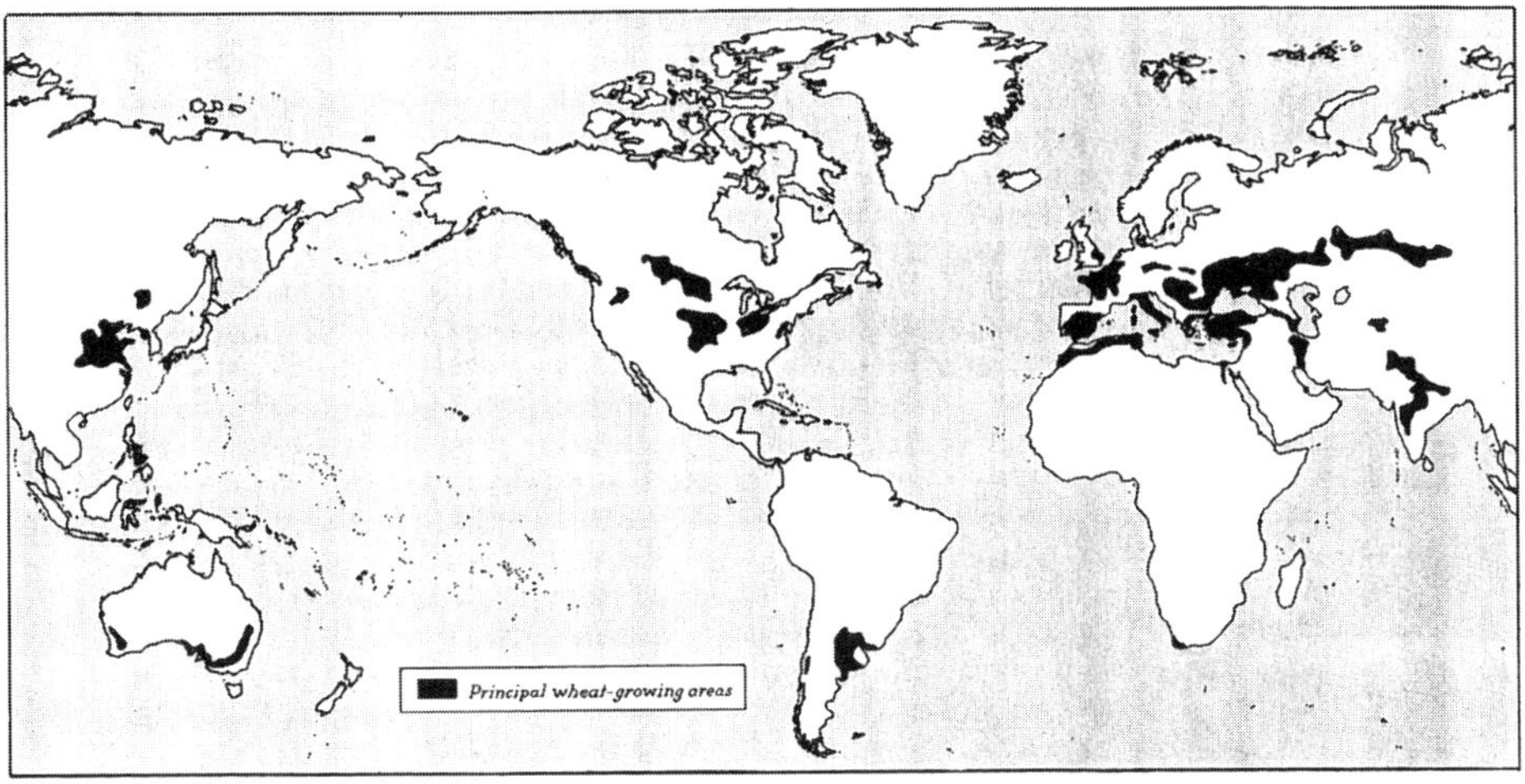

地図24 小麦の生産地帯

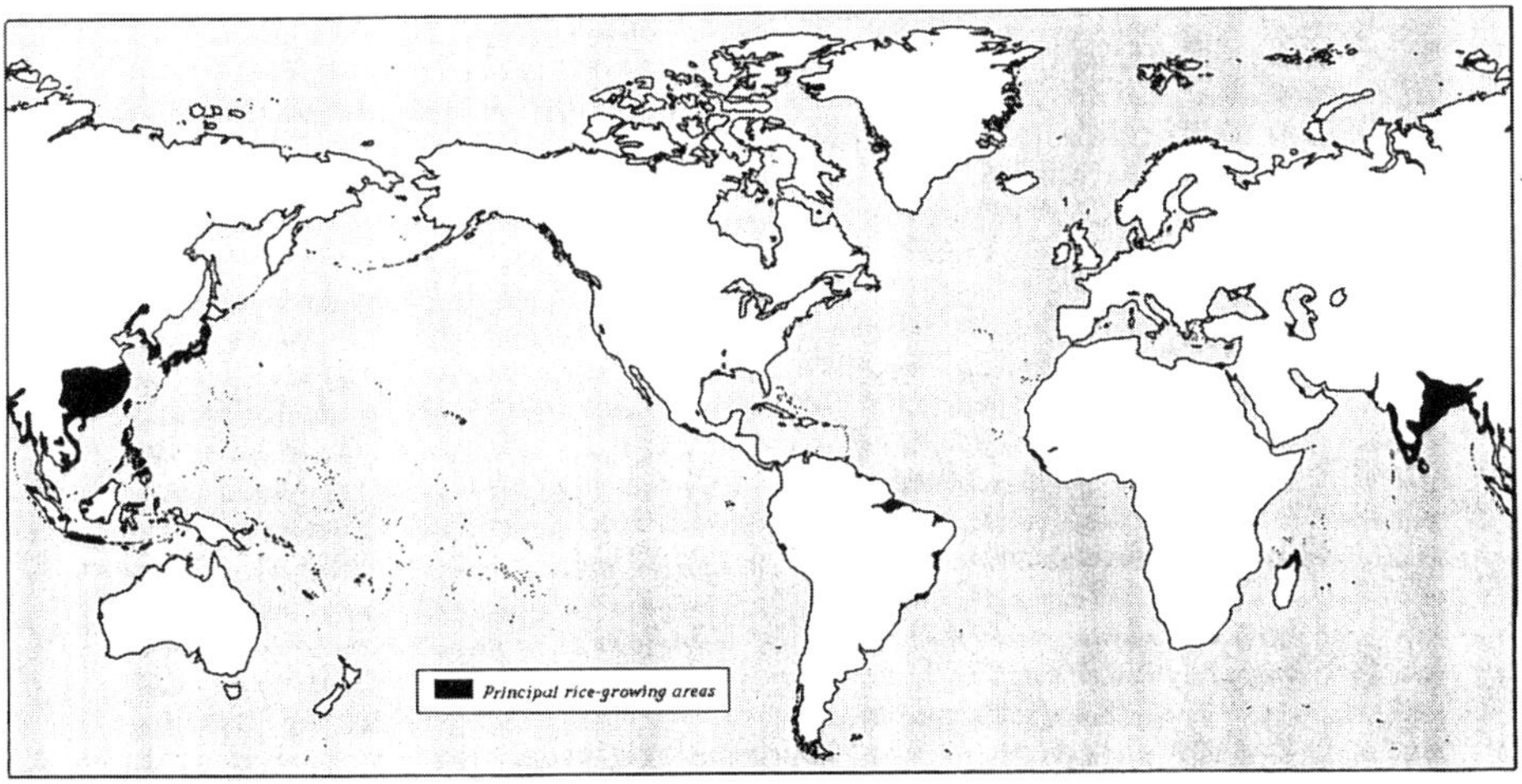

地図25 米の生産地帯

どは海を渡る船によって運ばれるからだ。北極海では短い夏のシーズンの間にほんの数隻の船が通過するだけだし、当分の間は三つの海の中で最も重要性が低いままであろう。三つの海域の中では大西洋が最も重要であり続けるはずだ。この理由は、アメリカの文化が西欧から大西洋を渡ってきたということもあるが、それよりもヨーロッパは今後長期にわたって太平洋の離れた対岸よりも経済的・政治的に重要であり続けるはずだからだ。大西洋はアメリカを囲んでいる三つの海の中で最も小さいが、それでもアメリカにとっては最長の海岸線があり、そこに注ぎ込む流域の面積もはるかに大きい。この国のほとんどの経済活動は、大西洋へ注ぎ込む川の上で行われている。

このような世界の大陸おける地理の要素というのは、何度も言うようだが、戦略と安全保障に関する全ての問題の中でも重大な要素なのだ。政治や経済がもたらす成果は政策の方針を決定する大きな要因だが、これらはそもそも陸地の分布状況や地形の特徴などによって条件づけられて決定されている。これらは、国家の平和と安全が危機に陥ったときに国家の間や大陸の間の関係を条件づける「根本的で変化しない要因」なのだ。

潜在力の分布状況

地形よりも重要で、しかも広い意味では地形そのものを構成していると言えるのは、農業資源や工業資源である。国家が世界政治の中で活動する経済的基盤はここにある。国際社会の平和秩序に直接的に影響を与えることができるのは、人的・物的資源を十分に持っている国々だけである。

もちろんある特定の地域は、気候的な条件によってパワー（それが潜在的であれ実質的なものであれ）

を持つ地域であるとは見なされないことになる（地図22）。たとえば最北端の地域の地表は常に凍りついていて農産物が生産できる可能性は少ないし、南側の極端な熱帯地方では土の栄養が染み出してしまい、地元の農産物だけでは多くの人口を支えることができない。もちろん土地の標高の高低によって気温がやわらぐ場所もあるが、それでも多くの人々にとってこのような極端な気候を持つ地域はあまり魅力的なものではない。したがって、多くの人口と強い国家を発展させるのに適した場所は、南半球と北半球の陸地にそれぞれ広がる、たった二つの地域にしか存在しないことになる。

この気候の状態は、年間降水量が二〇インチ以上の地域を示す図によってさらによく理解できる（地図23）。この図では、西洋と東洋の文明の主食である小麦と米を生産するのに最低限必要とされる降水量がおおまかに示されている。世界で麦と米が盛んに生産されている場所の分布（地図24、25）は、適度な降水量のある地域とほぼ正確に一致する。小麦や米の生産に適切な穏やかな気候と降水量は、どのような国家にとっても農業面でのパワーの基礎となるのだ。これらの要素がある程度欠けている地域は、世界のパワーをめぐる争いの中でも二次的な役割しか果たせないことになる。

国の軍事力や政治力の強さに直接的な重要性をもたらしているものは産業用の天然資源であり、これは近代の西洋文明に必要な道具を生産するために必要不可欠な原料となる。我々の機械に必要なエネルギーを生み出すものとして重要なのは石炭と鉄だが、これらの資源の分布（地図26）や生産の中心地の分布は、すべて我々が考慮しなければならないものだ。この二つの重要な鉱物は南半球よりも北半球に多く埋蔵されており、アメリカにはかなりの割合が存在しているが、全体的にみれば世界中にほぼ均等に散らばって存在していると言って良い。

しかしながら、国家のパワーにとってより重要なのは、鉱物の埋蔵量よりも実際の産出量なのだ。一九

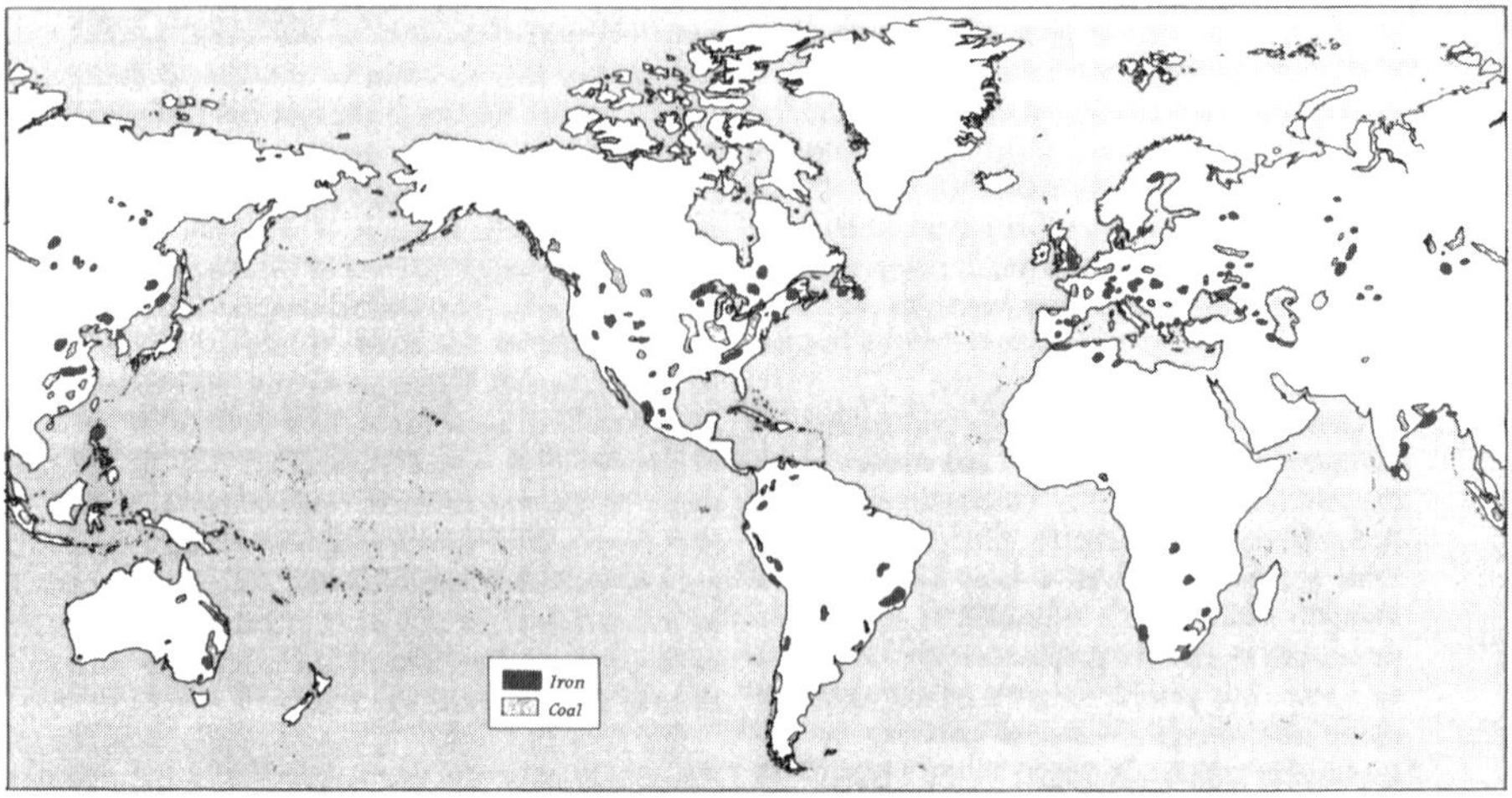

地図26 石炭と鉄鉱石の埋蔵地

（→原著の原色地図は *15* 頁参照）

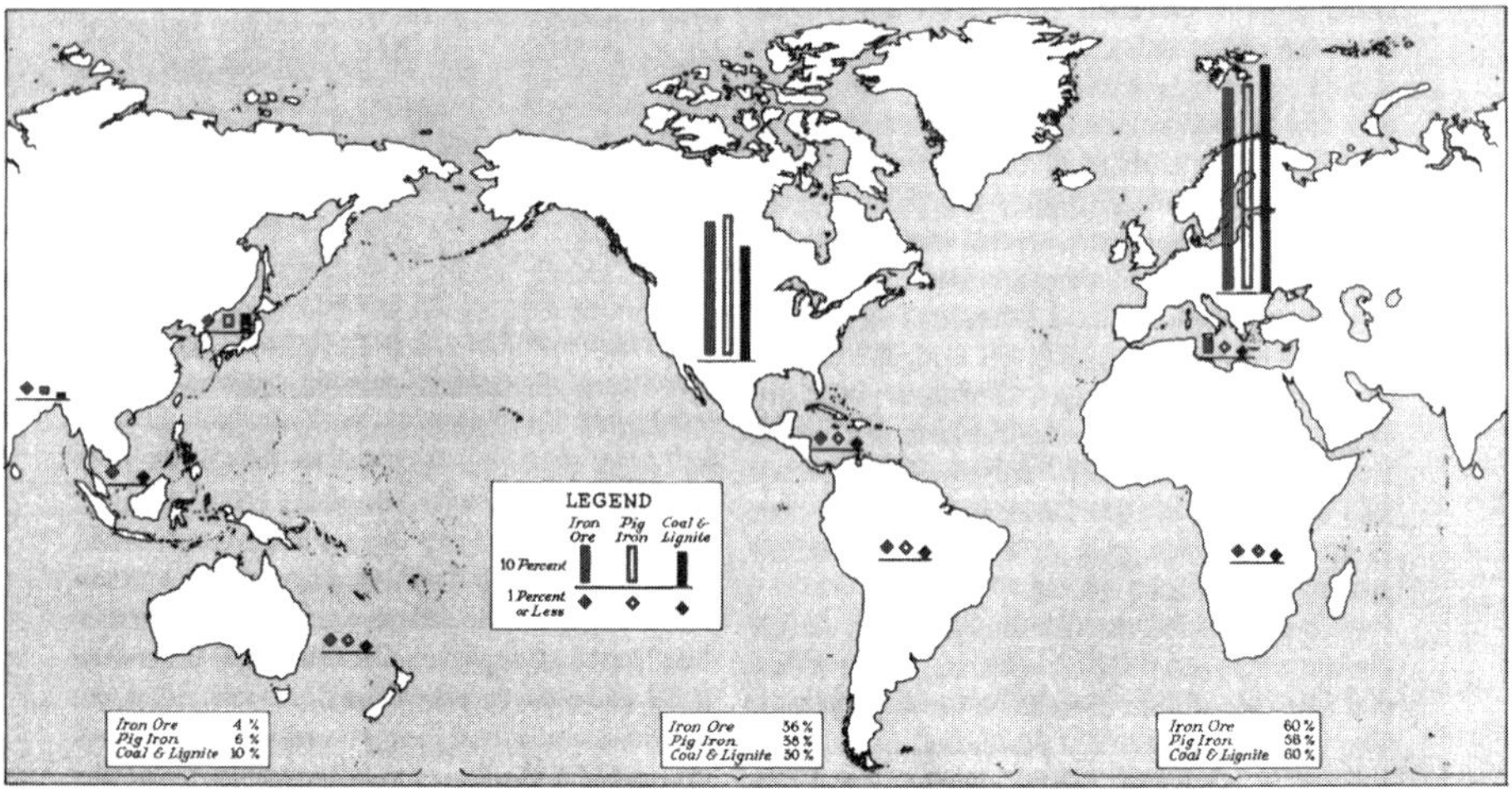

地図27 1937年の石炭と鉄鉱石の生産量

＜ロシアはヨーロッパに含まれる＞

（→原著の原色地図は *16* 頁参照）

三七年の世界の鉱物資源の総生産量のうち、国家ごとの割合をパーセントで示した世界地図（**地図27**）を見ればわかるように、ユーラシア大陸は七〇パーセントの石炭類、六四パーセントの鉄鋼石、そして六二パーセントのくず鉄を産出しているが、西半球はそれぞれ三〇パーセント、三六パーセント、そして三八パーセントを産出しているに過ぎない。たしかに生産量の増加は劇的で、これは戦争のおかげなのかも知れないが、それでも新世界の総産出量は、ヨーロッパと極東の経済の統合を完全に無視できるほど圧倒的に有利なわけではない。

石炭以外にも、二つのエネルギーの生産手段がある。それは石油と水力だ。**地図28**では潜在的な水力発電の中心となる、さまざまな戦略的な場所の割合を示してあるので参照にしてほしい。しかし石油生産量（**地図29**）のほうがさらに重要であろう。主な産出地は、「アジアの地中海」と「アメリカの地中海」という、三つのうちの二つの「地中海」の外側に集中している。「ヨーロッパの地中海」の周辺では、石油生産の中心は地中海諸国の影響圏のすぐ外の黒海地方にある。しかしこれらの三大石油産出地帯には、工業社会をつくりあげるために必要となるものがほとんどない。したがって、我々は工業化されたヨーロッパが黒海の石油生産に依存したり、日本と中国の工業生産が「アジアの地中海」に依存したり、アメリカの工業生産が「アメリカの地中海」に依存するという、実に興味深い状況を目の当たりにすることになったのだ。

農業や工業生産のような「動かすことのできない要因」というのは比較的簡単に図式化したり分析することができるが、それでも国家のパワーを全て決定するものではない。なぜならその国に住む国民も、その国の基本的な強さとなるからだ（**地図30**）。たしかに国民の資質や「やる気」などを計測してその結果を地図に書き込むなどということは不可能だが、それでも人口密度を見ることによって、国家の相対的な

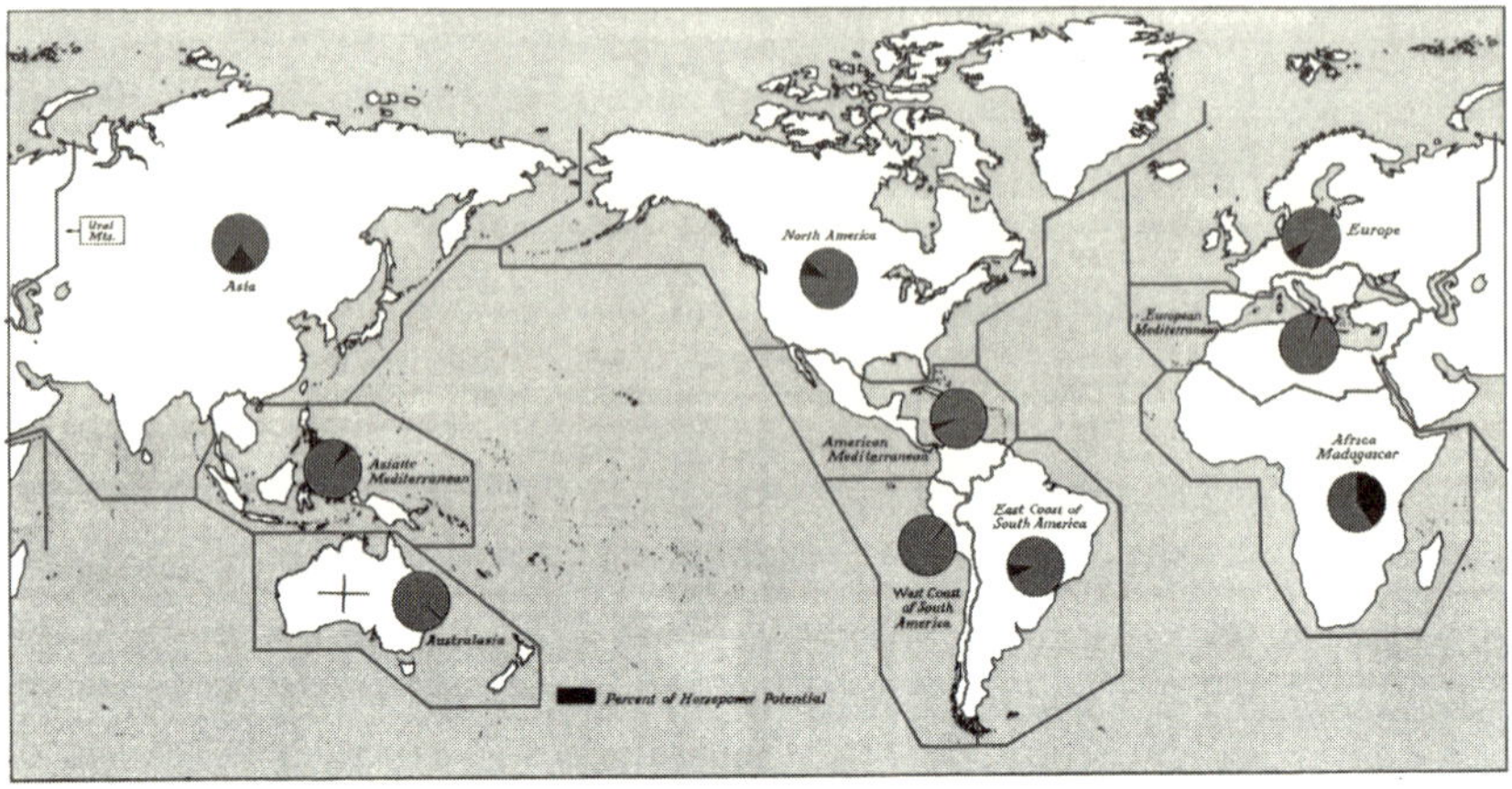

地図28 1936年の水力発電の推定潜在量
(→原著の原色地図は *17* 頁参照)

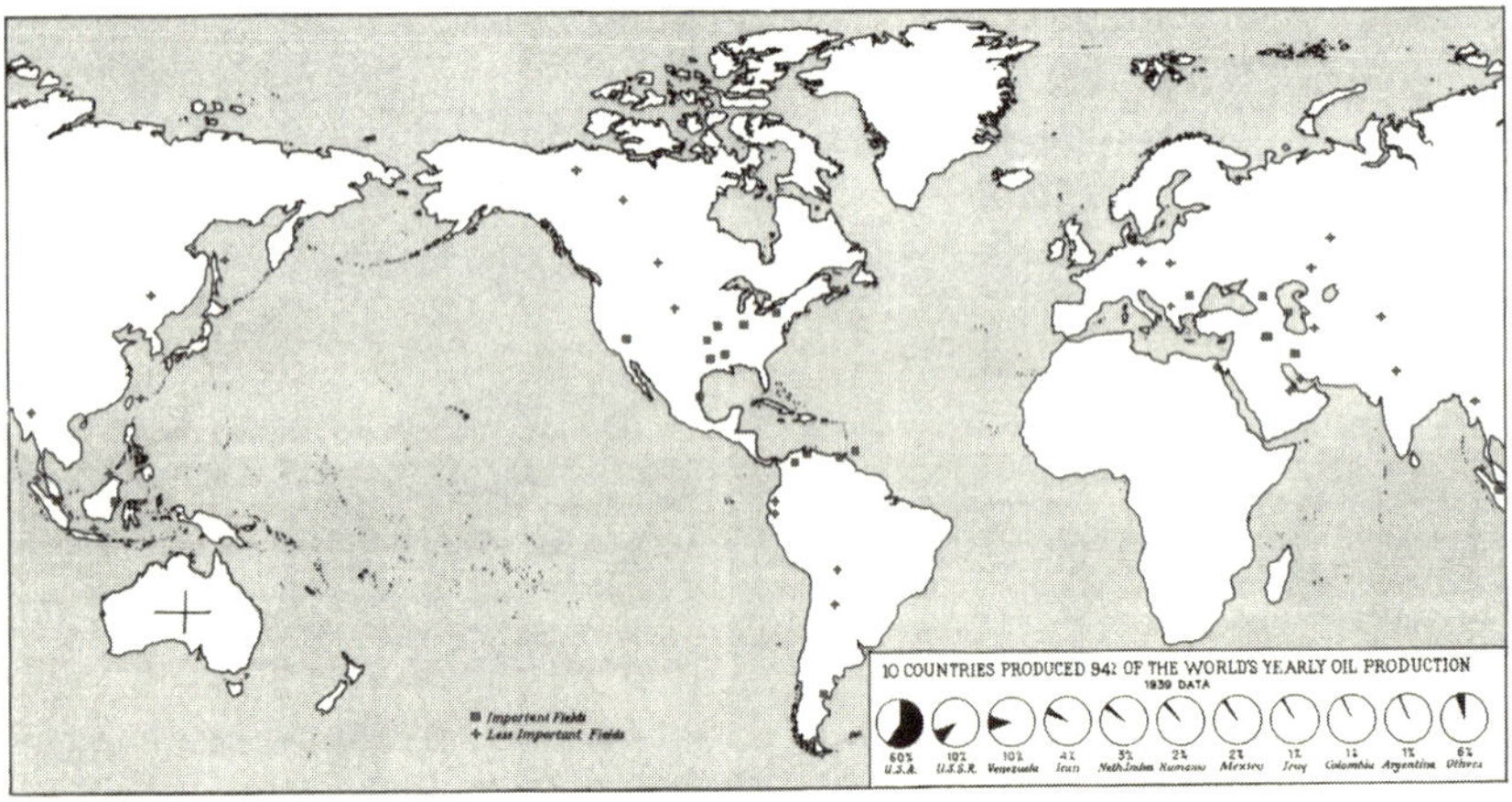

地図29 石油生産の中心地
(→原著の原色地図は *18* 頁参照)

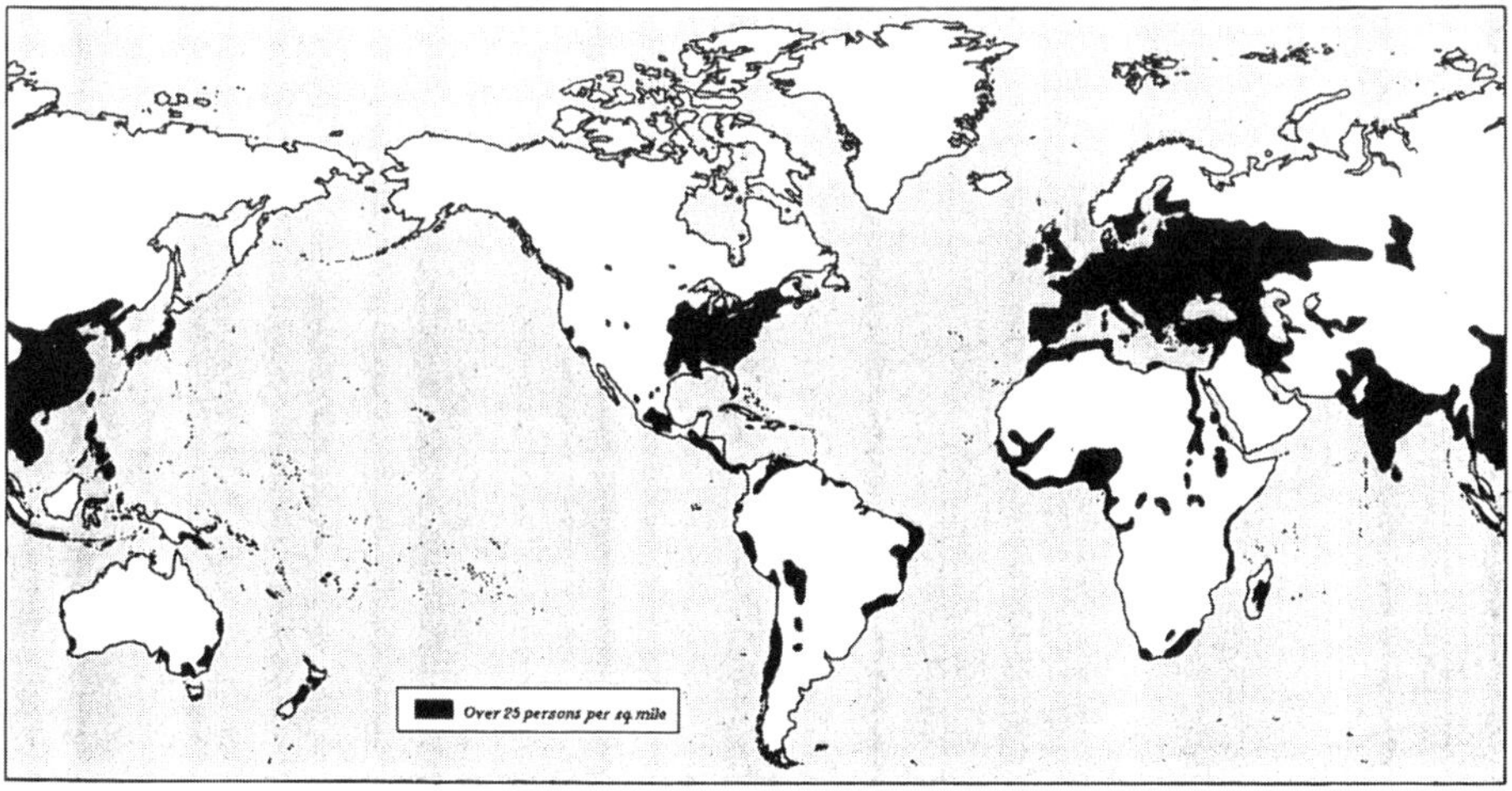

地図30 人口密度の分布

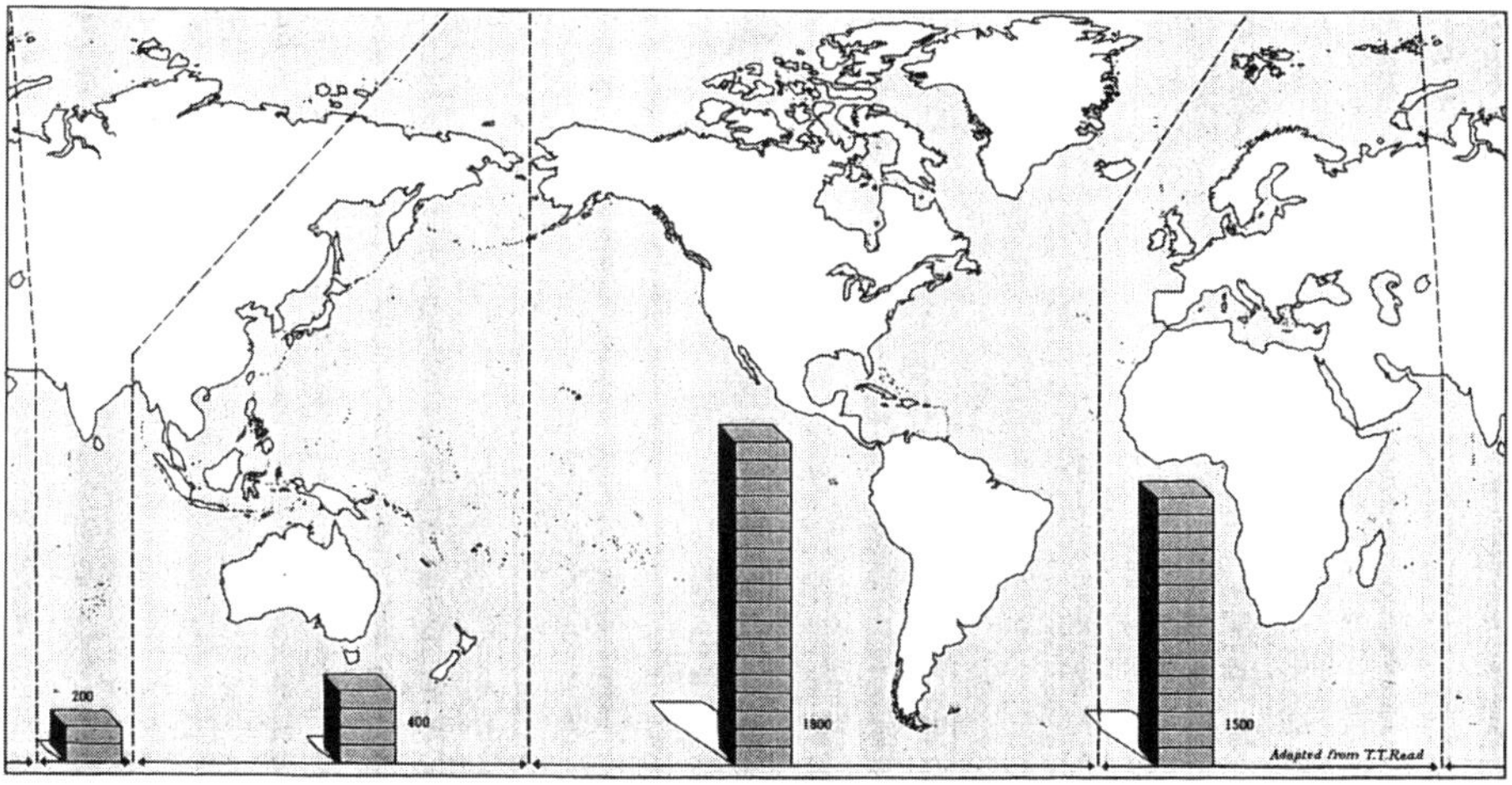

地図31 1929年の毎日の労働量、一時間あたり百万馬力の単位で換算

強さをとらえることは可能だ（**地図30**）。とくに、人が長く住み着いている地域の土地にはそれだけの人口を支える力があるということであり、そこに住んでいる人の数そのものが、国家の潜在力の指標となる。当然のように、人口が多くても物質的に貧しいレベルにあれば、国家のパワーの実践の際に多少のハンデとなる。よって、中国とインドは巨大な人口を抱えているにもかかわらず、極端に低い生活レベルを強いられているので最も強力な国家とはなりえない。それでも一般的にいえば、人口密度というのは国家の強さと近い関係を持っているのだ。たとえばシベリアには人がほとんど住んでおらず、その逆にヨーロッパやインド、そして中国などのリムランド地帯は人であふれかえっている。歴史が我々に教えているのは、偉大な文明や世界に名を馳せた強力な国家が存在してきたのは前者よりも後者のような地域であるということだ。

人口密度の分布と降水量の地図を比較すると、そこには明確な相関関係があることがわかる。世界の人口の大部分は、年間降水量が最低二〇インチ以上、最高六〇インチ以下という適度な範囲にある地域に住んでいる。乾燥地帯で灌漑を行うことは可能だし、世界ではそれに成功しているところも何箇所かある。とくに有名なのはロッキー山脈のすぐ東側にあるモンタナからニューメキシコにかけてのアメリカの西部の州である。灌漑に使用する水はこの地域のわずかな雨や山脈地帯からの湧き水などから集められるもので、その量は限られており、ほんのわずかな広さの土地にしか水を与えることができない。カスピ海から東に向かってロシアのトルキスタン地方の低地へ抜けるロシア南部は乾燥しているが、アフガニスタンの山々やパミール高原の雪解け水が流れ込む灌漑された流域のおかげで、場所によっては素晴らしい農作地になっている。長い冬と短い耕作期間しかないシベリアで農業に適しているのは南の周辺部だけであり、おそらくヨーロッパや極東のように農場で人間を養うことはできないはずだ。

しかし現代において国力と最も近い関係を持っているものは工業生産力である。我々はここまで石炭と鉄の生産の分布というものがあらゆる産業の基盤に不可欠であるということを見てきた。またここで指摘しておかなければならないのは、人口密度と工業力の間にはある一定の関係があるということだ。産業革命以前の時代には、国の人口数がそのまま国力に結びついていた。なぜならその国民の労働力が、そのまま国家の生産するエネルギーを生み出していたからだ。ところが現在では、人間の労働力と生産力との直接的な関係が残っているのはユーラシアのリムランドの南側と東側、つまりシリアから満州にかけての地域だけだ。むしろ現代のヨーロッパとアメリカでは、生産力に大きな役割を果たしているのは機械のエネルギーだ。もちろん地球上の別々の地域の生産力を比較するために、人間の労働力と機械の生産力を同じくらいのレベルまで落として、共通の単位を使って検証することは可能である（**地図31**）。ところがこれを基準にすると、人口密度だけでエネルギーの生産量を測るのは不適切であることがわかる。西半球では機械生産への莫大な投資が行われているが、これは総人口数の少なさにもかかわらず、東半球や特に極東に比べて、大きな強みとなっている。

アメリカと世界

アメリカの地政学的なポジションを総合的に考えてみると、「我々はユーラシア大陸だけでなく、アフリカ大陸とオーストラリアにも地理的に囲まれている」という事実に気がつく（**地図32**）。領土の大きさだけで考えても、この二つの場所の大きさの合計は新大陸の二・五倍だ。人口数で比較するとその数は十倍多く、エネルギーの産出量ではほぼ同じだ。我々の東側には人口密度と工業エネルギー面で世界のパワ

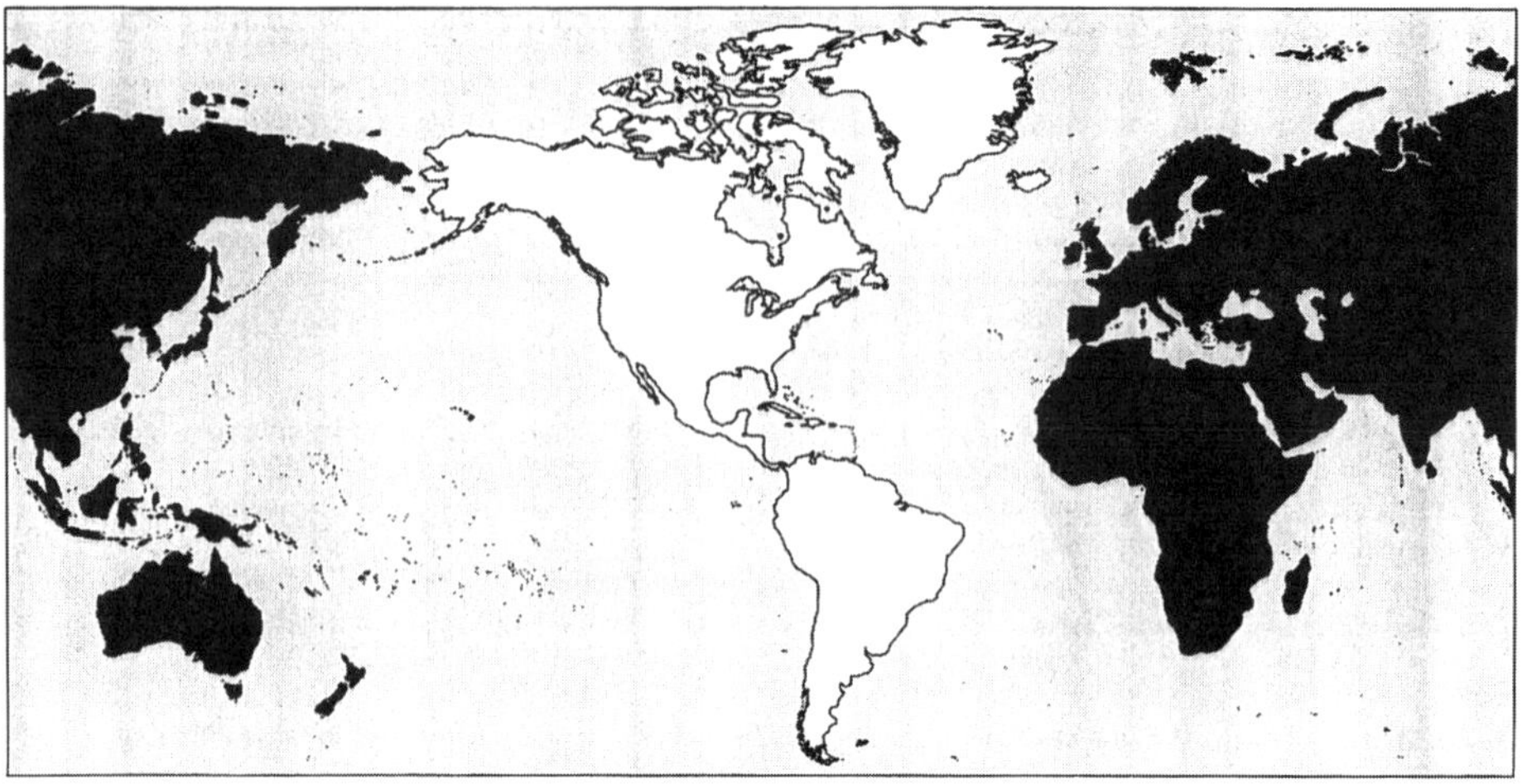

地図32 包囲された西半球

ーの中心となる西ヨーロッパが存在しており、我々の西側には主に人口密度で勢力を構成しているもうひとつの中心的な大国（訳注：日本）がある。

この二つの地域の政治面での違いは大きい。ヨーロッパでは政治的に多くの独立した国家が散らばって存在しており、これらの国々は歴史的に何度も強制的に統一されるという恐れに直面してきた。もっとも最近の脅威はナチス・ドイツによってもたらされており、これはノルカップ岬から喜望峰まで広がる新秩序を追求している。それと同時に、極東でもたった一国によって統一支配を達成しようとする動きが起こっている。この地域では中国とロシアのパワーによって何百年間も大陸内のバランスが保たれてきたのだが、それはこの地域でこの二国だけが実質的なパワーを持っていたからに他ならない。本島から離れて拡大した大日本帝国は、ベーリング海峡からタスマニアまでの完全支配を目指していた。

第二次世界大戦の戦いは、北はノルカップ岬から南はダカールまで広がっており、大日本帝国もその支配を満州から中国沿岸部の主要地域、そして南はニューギニアとソロモン諸島まで伸ばしていた。ところが一九四三年には連合国軍側のパワーが拡大し、ヨーロッパとアジアにおける新秩序はその他の世界の国々にとってまったく脅威とはならなくなった。ドイツはロシアとアフリカからの撤退を余儀なくされ、その同盟国であるイタリアは征服された。日本は中国での拡大を阻止され、南洋にある前哨地から撤退を迫られることになった。

しかしここで最も重要なのは、一九四二年のはじめにドイツと日本が目標の大部分を達成した時に、この二国間には政治的な同盟関係が存在していた、という事実だ。つまり我々はユーラシア大陸の全体が統合されたパワーと直接対峙するような、完全な包囲に直面する可能性もあったのだ。そうなると東半球のパワーの中心があまりにも強力になってしまい、我々は自分たちの独立と安全を守ることは不可能になったはずだ。もし将来このような包囲状態に直面することを避けたいと願うのなら、我々はまず旧世界の二つの地域から安全を脅かすような国家や同盟などの圧倒的なパワーを出現させないように、平時から常に気を配っておくべきだ。したがって、ユーラシア大陸内の国家同士の力関係が、めぐりめぐって我々の政策に影響を与えてくることだけはハッキリしている。我々は東半球における地政学的勢力の動きを把握し、それが我々のポジションに対してどのような影響を与えるのかを明らかにしなければならない。

Ⅳ

ユーラシア大陸の政治地図

東半球の国家間の地政学的な関係を考える場合、まず強調されなければならないのは、地球の表面全てが政治勢力の活動するたった一つの舞台になった、ということである。現在はすべての世界の地理が解明され、ある場所の勢力の構成の変化が、別の場所の勢力に影響を与えるようになったからだ。シーパワー（sea power）の発展のおかげで、西ヨーロッパ諸国は遠い大陸の沿岸にアクセスできるようになった。つまり一つの大陸のパワーの状況が、別の大陸のパワーの分配に必然的に反映されるようになり、ある国家の対外政策は世界中で起こっていることに影響されたものである可能性が高まったのだ。

現代の世界情勢の根本をなしているのは、海洋航海術の発達と、インドとアメリカへの航路の発見である。海外の植民地という新しい地政学構造の基礎を成しているのは海洋機動力なのだ。それ以前の時代では、ローマ、中国、そしてロシアなどの帝国のように、地続きの広大な土地の支配を基礎においた偉大なランドパワー国家が台頭するという歴史があったが、現在では海が交通路の最大の動脈となり、新しい大国の構造と、それが支配する範囲の爆発的な広がりとして現れてきたのだ。イギリス、フランス、そして日本などの帝国やアメリカのシーパワーなどは、政治勢力の交互作用が行われる単一の「場」である「近代世界」の発展に寄与している。ユーラシア大陸がひとつの「まとまり」となったのは、実はシーパワーのおかげであり、旧世界と新世界の関係を決定しているのもシーパワーである。

最初に世界のパワーの秩序が大きく変化したことを包括的に認めて分析したのはアルフレッド・セイヤー・マハン（Alfred Thayer Mahan）が一八九〇年に出版した『海上権力史論』（The Influence of Sea Power upon History, 1660-1783）である。しかし最初にランドパワーとシーパワーの関係を本当にグローバルなスケールで詳細に検証したのは、イギリスの地理学者ハルフォード・マッキンダー卿（Sir Halford Mackinder）であり、彼は一九〇四年にこの研究を発表している。彼はシベリアを中心にした図

（地図33）を自分自身の分析の基礎に使い、ヨーロッパを世界の中心とはせず、ユーラシア大陸にいくつもある半島のうちの一つとして扱った。西洋社会は、以前のようにヨーロッパを世界の中心とする考え方に変更を迫る、いわば地球を眺める「新しい視点」に直面することになった。一九一九年に出版された彼の最も有名な著作である『デモクラシーの理想と現実』（Democratic Ideals and Reality）の中で、マッキンダーは世界政治をグローバルな観点から再度見なおすことを主張し、自身のユーラシア大陸の分析をさらに詳しく発展させている。

世界を一つのまとまりとして見ることは、海だけでなく空によっても世界が統合されつつあるために、現在ではますますその重要性が増しているといえる。西半球にいるおかげで、我々は旧世界の実情を間違って解釈しやすい。なぜなら我々は自分たちの注意をアメリカだけに集中させがちであり、しかも自国との力関係を考えるために、わ

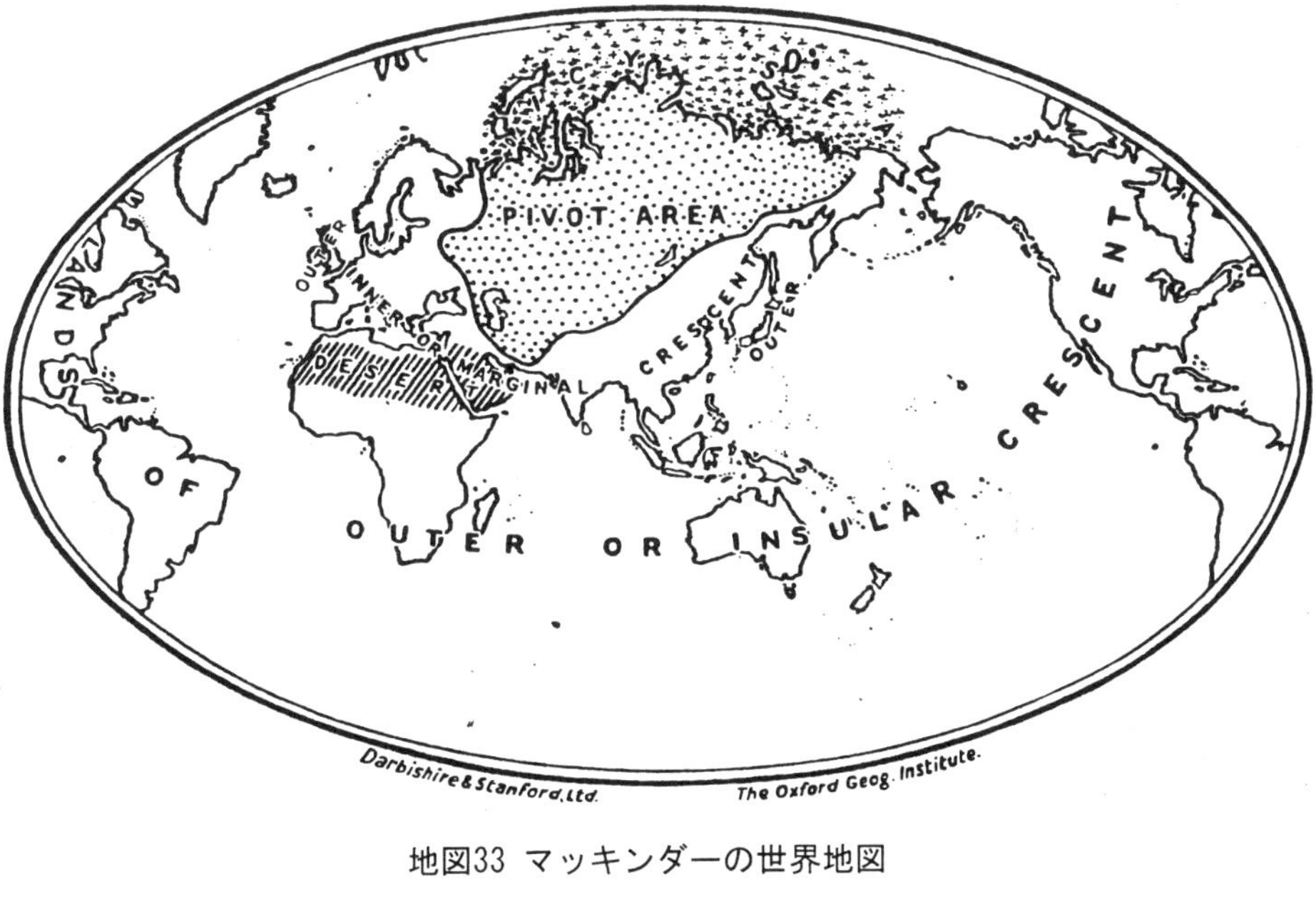

地図33 マッキンダーの世界地図

ざわざユーラシア大陸を「ヨーロッパ」と「極東」という二つの地域に分けてわけているからだ。この二つの地域同士の関係を明確に把握するためには、マッキンダーの使った「シベリアを中心に描いた地図」をもう一度見直し、彼のユーラシア大陸の地政学に関する様々な概念を詳しく検討すべきであろう。

マッキンダーの世界

マッキンダーの分析は「ハートランド」(heartland) というアイディアから始まる。まず広大なシベリアは、内陸の流水域や海へのアクセスなどの観点から、地理的に一つのまとまりとして考えられている。この巨大な領域は、全ての川が北極海や内海であるカスピ海やアラル海に注ぎこみ、どの部分も外洋に接していないため、地理的に一つのまとまりとして扱うことができる。以前からこの地域に住んでいた遊牧民たちは継続的に海へ到達しようとしており、沿岸地方を占有してきた国家に対して強烈な軍事的圧力をかけてきた。マッキンダーはこの後者の地域を「内側の三日月形地帯」(inner crescent) と呼んでおり、ここには外洋に直接アクセスできて、しかもシーパワーとランドパワーの両方を持っている国々が含まれる。これを越えた向こう側には「外側の三日月地帯」(outer crescent) があり、ここには諸島や沖合の大陸があり、外洋の周辺には西半球の大陸がある。

このような観点から見れば、西半球の大陸は地続きであるとは言えなくなる。なぜならシベリアを中心にした地図では、大西洋沿岸にある南北アメリカの海岸線がヨーロッパを向いており、太平洋側の海岸線は極東を向いているからだ。マッキンダーが一九〇四年に最初に自分の地図を発表した時は、この地図は当時の実情を踏まえていたというよりも、むしろ予測的なものであった。なぜならアメリカの力が西太平洋まで完全に拡大されるには、まだパナマ運河の開通を待たなければならなかったからだ。ところが今日ではユーラシア大陸を中央に描く地図というのはかなり有益である。なぜなら西半球は、旧世界のヨーロッパと極東の両方に重大な権益と関係を持っているからだ。

マッキンダーによれば、東半球の力関係はハートランドのランドパワーとイギリスのシーパワーとの関係によって決定されることになる。大英帝国の安全は、世界島にある大陸国と海洋国の間の、パワーの均衡にかかっているのだ。もしこのどちらか一方が優勢になるとユーラシア大陸全体が支配されてしまうし、回転軸の地帯はたった一国によってコントロールされることになるからだ。この大規模な陸地を基礎とすれば、大陸にある国家がイギリスを簡単に打ち負かすことができるくらいのシーパワーを築くことも可能である。したがってイギリスの対外政策では、ヨーロッパ大陸を統一するような動きを妨げたり、とくにドイツとロシアの間に軍事同盟が結成されないようにすることが狙われてきたのだ。

ユーラシア大陸の地形の面から考えれば、この分析はかなり的を得ている。すでに述べたように、ユーラシア大陸にはスカンジナビアからシベリアのチュコート半島まで絶え間なく伸びる山々に囲まれた中央の低地と草原があり、事実上、人間が内地から外洋に抜けられないようになっている。この山を越えた向こうには、ヨーロッパの低地沿岸部や中東、そしてインドや中国などがある。残念なことに、マッキンダーによって使われた地図には彼のアイディアを実際に形成することになったこのような地形についての説明がほとんどない。よって、彼の書いた文を直接読まなければ彼の使っている地政学用語が暗示していることを正確にとらえることができない。

ドイツの地政学者であるハウスホーファーは、このイギリスの地理学者の解釈を、自分のいかがわしい目的のために使っている。彼が自分の理論を説明するために描いた地図を見てみればわかる通り、ハウスホーファーはこの図にいくつかの修正を加えている（地図34）。彼は川の流れを表示しており、これによって地図を読むのに慣れている人間が山地の位置を計測しやすいようにしている。また、彼はマッキンダーが論じつつも地図には示していない、パワーの中心地の位置を示す、「政治的圧力」がかかっている場所を描いている。しかしながら、この図は議論を行うための土台としては失敗作だ。なぜなら地政学的な分析では不可欠な、地形についての本当に重要な事実を何も説明していないからだ。

したがって、我々はもう一度地形図を見て、ユーラシア大陸の陸の形を強調しなければならない。この大陸の中央の低平原地帯は、北側が凍りついた海にさえぎられ、東、南、そして西側は山脈に大きく半円を描いて囲まれている。山脈地帯を越えた向こう側には、海まで伸びている山の尾根によって隔たれた平原などによって構成される沿岸地帯がある。さらに地球の全体像を考える場合、我々はこの沿岸地域一帯のことを何度も繰り返し述べる必要があるため、特定の名前をつけたほうがいいだろう（地図35）。大陸中央の平原はそのままハートランドと呼んでもいいが、この一帯は事実上、政治的にはソヴィエト連邦が支配している部分とほとんど同じであることを忘れてはならない。マッキンダーによって「内側の三日月地帯」と呼ばれる山脈を越えた向こう側の沿岸地帯は、むしろ「リムランド」（rimland）と呼ばれるべきであり、確かにこの名前のほうがその場所の特徴を正確にあらわしている。ユーラシア大陸を外洋から分離している外側を囲む周辺の海や「地中海」などは、シーパワーによって全ての領域をつなぐ周辺の「海の公道」を構成している。その外には、イギリス、日本、アフリカ、そしてオーストラリアなど、「外側の三日月地帯」を構成する沖合の島々や陸地がある。「沖合」（off-shore）という言葉は、この地域と中央のユーラシア大陸との関係の本質をうまく説明しているため、我々はマッキンダーが使ったものよりも、この言葉を選んで使うべきであろう。外洋の帯と、大洋をまたぐ新世界によって、地理的要素だ

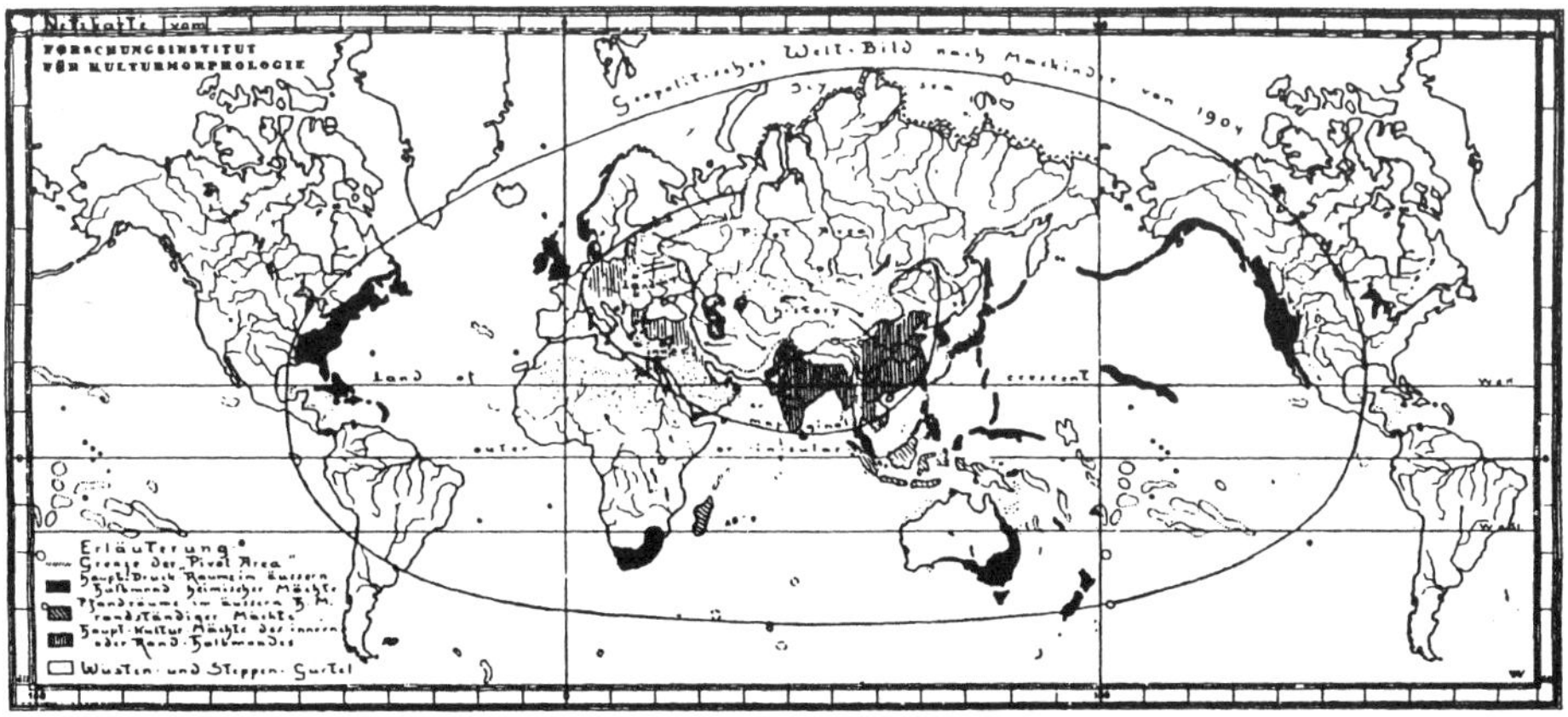

地図34 ハウスホーファーの世界地図

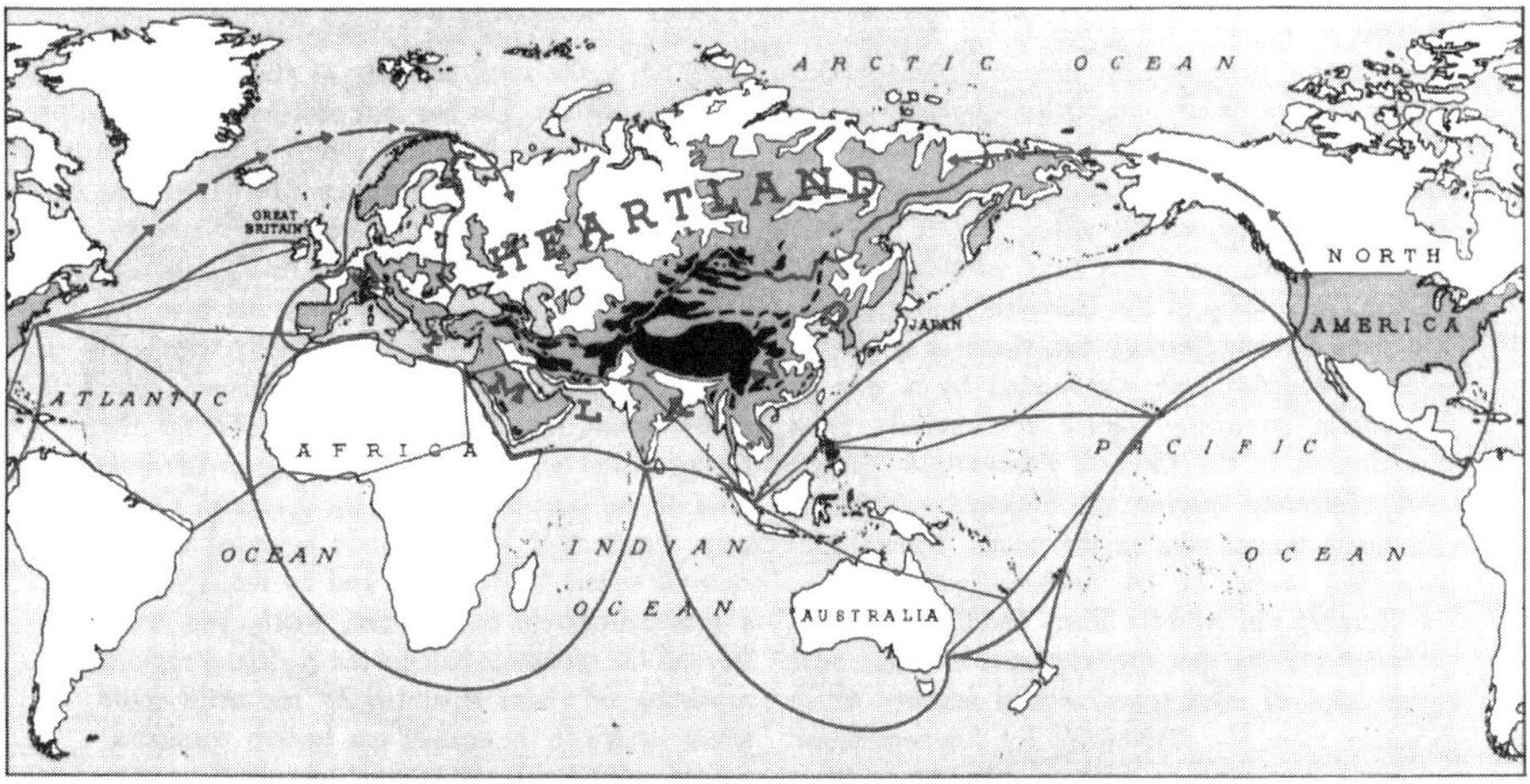

地図35 ユーラシア大陸の地政学地図
（→原著の原色地図は *19* 頁参照）

けから見た世界地図は完成する。

旧世界の全体図を基礎にして、我々はこれからすでに分類したそれぞれの地域をとりあげて、それらの意味を潜在力や世界の安全保障に関する政治情勢などの観点から分析していく。そのために、我々はまず各地域が国際社会の中で果たしてきた役割を検証する必要がある。なぜなら第二次世界大戦の流れと平和の可能性は、そのような文脈においてみないと理解できないからだ。

ハートランド

ハートランドがマッキンダーにとってなぜ重要なのかというと、その理由は内部の交通線の強化や陸上交通手段が海上輸送手段と競争できるレベルにまで発展することによって中央に位置するというアドバンテージが高まる、というところにあった。また、彼はステップ地帯の潜在的な経済力が高まることも予測していた。

もちろんロシアの経済や地理の状態によって、ハートランドが近い将来に世界の交通路や機動性、そして潜在力の中心になるかどうかという点は、それほど明確になったわけではない。第一に、農業技術において革命的な発展がなければ、気候の分布のおかげで農業生産の中心はシベリア地方ではなくロシア西部のままなのだ。世界の耕作地を表した地図を見てみれば、この事実がよくわかる（**地図36**）。たしかにソ連（ロシア）はカナダ、アメリカ、ブラジルなどよりも遥かに大きな領土をカバーしているが、全国的にみれば耕作に適した地域の広さはほんのわずかなものでしかない。よって、我々はロシア全土、もしくはハートランドが莫大な農業生産を生み出す潜在力を持っている、などと勘違いしてはならない。

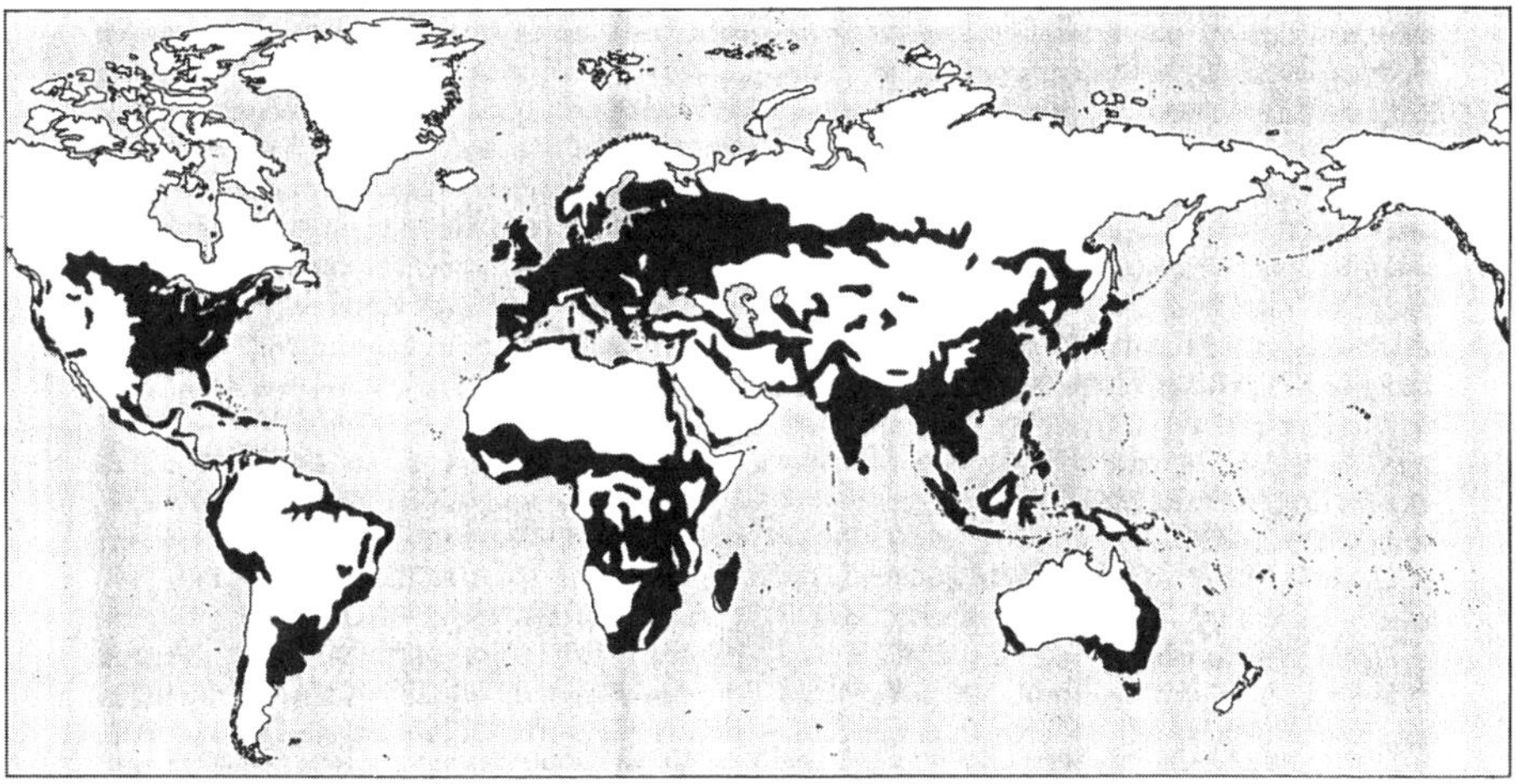

地図36 世界の耕作地

また、石炭と鉄鉱石の埋蔵や、そして油田と水力発電の分布などをよく見ればわかる通り、工業力に必要な要素は主にウラル山脈の西側に位置している。たしかにシベリアには石炭と鉄鉱石があり、その正確な量はわからないが、それでもかなりの埋蔵量があることだけはハッキリしている。その他にも、ある報告によれば、もし開発することができれば重要になる、かなりの量の石油もあるようである。ここで確実に言えるのは、ソ連政府はいままで工業生産の中心を東側に移動させてきたし、これからも引き続きそうしていくことには変わりがない、ということだ。このような動きは工場や鉱山を発展させたという面で成功したし、ロシアの戦時需要の大部分を満たしてきた。ウラルからノヴォシビルスクにかけての広大な地域の様子は相変わらず不透明で、実質的・潜在的な重要性を完全に予測することはできない。しかしながら一つだけ確実なのは、この地域は多くの人口を土地からの生産だけで支えることはできないが、それでもすでに肥沃な西側の地域を補う重要な支えとして活動を始めている、ということだ。

鉄道、自動車の道路、そして飛行機は、確かにユーラシア大陸の中央に新しい機動力をもたらすことになった。しかしここで忘れてはならないのは、この場所は北と南と南西方向にある世界最大の難関によって、交通機関の通過を妨げているということだ。ここの気温は一年のほとんどが氷点下であり、険しい山々を通り抜けることができるのはわずかな細い道だけで、これらが境界線を形成している。ハートランドに接しているリムランドの大部分の交通インフラの状態はさらに悪い。アフガニスタン、チベット、新疆、そしてモンゴルなどには鉄道や自動車用の道路がなく、最も原始的なキャラバン用の険しい道があるだけだ。パワーと距離が反比例するという法則は、通常は一国の中だけで当てはまるものだが、実は国同士の場合にも当てはまる。近い将来においても、中央アジアは間違いなく潜在力の低い地域のまま留まるであろう。

この地域の重要性は、「ポジション」(position)という観点から、マッキンダーによっても正しく認められている。ハートランドがユーラシア大陸の中央に位置していることは、「内側の三日月地帯」の「内側の交易路」になるから有利に働くのだ。これは、軍隊にとって円形の領土を外側から大きく回り道をして攻めるよりも、内側から最短距離を移動して守るほうが簡単であることと同じであり、たとえばイギリスが海軍力を使ってリムランドの外側の交通路を半周する間に、ロシアは内側の交通路を使えるのだ。ロシアにあるトルキスタン地方からインドの北西部をつなぐ交通路は、サウサンプトンからカラチへの海上ルートよりも内側にあると言える。

しかしながら、内側の交通路というものは、たった一つの場所ではなく、二つの場所の関係によってその役割が変化することも指摘しておかなければならない。つまりこれは「中央」と「周囲」の関係であり、しかも周囲のある場所がその周辺を囲む別の交通路の中心となった場合には、簡単に変化するのだ。よって、大英帝国にとってハートランドのポジションが戦略的に重要になってくるのは、イギリスが作ったインド国境に軍事的圧力がかかった場合である。インド、ペルシャ、そして中国の国境の防衛が局地的な戦争に発展する恐れが出てきた瞬間に、内側／外側という交通路の考え方のすべてが変化することになるのだ。いままでインドや中国はイギリスのシーパワーによって守られるべきだと考えられてきたが、もし彼らが自分たちの工業発展の副産物として軍事力を強化することができれば、そのような考え自体も不要になる。このケースから考えると、豊富な資源によってロシアの中央アジア地域がリムランド一帯と対抗できるほど強くならない限り、ソ連（ロシア）の強さはウラル山脈の西側に残り、東、南、南西方面の沿岸地方に対して圧倒的な力を発揮することはありえないことになる。

リムランド

マッキンダーの考えによれば、ハートランドを囲んでいる「内側の三日月地帯」にある水陸両用（両生類）国家は、主に三つの領域――ヨーロッパ沿岸地帯、アラビア・中東砂漠地帯、そしてアジアのモンスーン地帯――から構成されている。最初の二つの地帯は地理的に明確な地域として定めることができるが、三つ目の地帯はイギリスの特殊な歴史的観点から見た地域のまとまりである。イギリスの国家指導者たちにとって、アジアのモンスーン地帯というのはたった一つの地域のように見える。これは気候が似ていることや、シーパワーによって簡単にアクセスできることに原因がある。また、この一帯は、ヒマラヤやチベットなどの山脈や、新疆やモンゴルのような広大な砂漠と山々によってハートランドからの侵略から守られている。ところがモンスーン地帯はこれらの山脈などのおかげでひとつのまとまりになっているわけではない。ビルマとインドシナ半島の間の山脈は海まで伸びており、この偉大な二つの国家間が交流する際の大きな障壁となっている。仏教が新疆とタイを通るルートによってインドから中国に伝わったことを考えて見ても、この地域で直接的な交流を維持するのがいかに困難なのかがよくわかる。彼らの歴史を振り返ってみても、これらの二つの東洋文化の中心地はそれぞれ独立して発展しており、その接触も文化的・知的なものだけに限られてきたのだ。

したがって、インドとインド洋沿岸は、中国とは別の地政学的カテゴリーに区別されるべきであり、この二つを一まとめに「アジアのモンスーン地帯」とするのはあまり正確とは言えない。よって、この二つの地域はインドシナ半島の南端においてランドパワーやエアパワーによって接点を持ち、そしてシーパワーではシンガポール周辺でなんとか接点を持っている程度であり、将来はそれぞれ別の地域として区別されるべきだ。もしこれが正しいとすれば、「アジアの地中海」は西洋のシーパワーによる包囲の時代に重要であったように、独立したアジア諸国の政治戦略にとっても極めて重要な意味を持つことになる。ユーラシア大陸のリムランドは、ハートランドとその周辺の海の間にある中間地帯として考えられるべきだ。リムランドはシーパワーとランドパワーとの間の広大な緩衝地帯（バッファアーゾーン）なのだ。この地域の国々は、海と陸の両方を見つつ、両生類的に機能するのであり、この両方向の脅威から自分の身を守ろうとする。歴史を振り返って見ても、リムランドの国々は、ハートランドにあるランドパワーやイギリスや日本のような沖合の島国などと戦わざるを得なかった。リムランドに特有のこの両生類的な性格は、その安全保障問題の根底にまで染みついている。

沖合の陸地

旧世界の南東側と南西側の沿岸には、オーストラリアとアフリカ大陸まで広がる二つの地中海がある。この二つの沖合の大陸のポジションは、主に「ヨーロッパの地中海」や「アジアの地中海」を支配する国によって決定される。マッキンダーの分析ではアフリカの砂漠地帯はシーパワーでアクセスできない大陸であり、北のハートランドにちなんで「南のハートランド」(southern heartland) とされている。このコンセプトは白人が入っていく前のアフリカの政治史を理解する上で多少役に立つかも知れない。また、旧世界を一周するために喜望峰を回らなければならなかった時代までのイギリスとロシアの敵対関係を見る上で、かなり役立つものである。

ところがスエズ運河の完成により、この分析は実際的な重要性を全て失ってしまった。要するに、実際はシーパワーによって到達できる場所に対して、「シーパワーでは到達できない場所」という意味を含んでいる言葉(ハートランド)を使っても意味がないのだ。また、ここで重要なのは、その二つの地域がいくら地理的に似ていようとも、南のハートランドは北のハートランドと一つの基本的・根本的な点において異なっているということだ。南のハートランドには政治的なパワーがなく、その潜在力もない。現在でもパワーは存在しないし、過去に一度も三日月地帯に向かって圧力をかけたことがない。したがって、世界全体の状況から考えると、北のハートランドのような役割はまったく果たしていないのだ。

世界政治におけるこの二つの沖合の大陸の重要性は、農産物の生産量、そして結果的には潜在力などが影響を受けるため、この地域の気候条件によって限定されてしまっている。アフリカの大部分は熱帯に属しており、極端に乾燥しているか湿っているかのどちらかだ。いずれにせよアフリカ大陸は最南端の地方を除けば、世界中に影響力を発揮できるような政治組織をつくるために必要な資源を持っていないのだ。同じような理由から、オーストラリアの砂漠地帯もあまりに広範囲に及ぶため、その残りの地域には世界の一等国としてふさわしいパワーをつくりあげるのに必要な国家の規模と資源が不足している。

ユーラシアの政治のダイナミックなパターン

マッキンダーは、「ユーラシア大陸における政治面でのおおまかな動きは、ハートランドから外に向かおうとする遊牧民がリムランドに対してかける圧力によって説明できる」と主張している。中央の低地の草原をかけめぐる遊牧民はロシア国家の統率力にとって代わったが、それでもこのパターンは継続している。ロシア帝国は海へのアクセスを求めたが、十九世紀にはユーラシア大陸周辺の沿岸に勢力をくまなく拡大していたイギリスのシーパワーにその進路を妨害されている。イギリスの帝国的なポジションは、ユーラシア大陸を海洋側から周辺の海の公道に沿って圧倒的な海軍力を維持して包囲することによって成り立っていたのだ。このポジションを脅かす唯一の脅威は、ユーラシア大陸の沿岸部に競争相手となる新たなシーパワーが登場することや、ロシアのランドパワーが沿岸部に到達することであった。

マッキンダーは自分の理論を強く確信しており、全てのヨーロッパの紛争は一九一九年に主張した「ランドパワー対シーパワーの戦い」というパターンに従うはずで、しかもロシアが最終的に打ち倒されるまでこの戦いの本当の姿は見えてこない、と主張している。つまり当時のイギリスのシーパワーはハートランドを支配するランドパワーに対して戦っている、と考えていたのだ。しかしこの解釈に従うと、フランスがランドパワーとして果たした役割を説明できないし、ロシアが東部戦線で三年間も耐えたという事実を無視しているようで無理がある。

ところが他の優秀な地政学的分析の例にもれず、マッキンダーの研究は特定の時代の特定の状況の中で存在した勢力構造の全体像をよくあらわしている。この分析が最初に発表されたのは一九〇七年の英露協商締結の前の一九〇四年のことであり、これには前世紀の英露間の紛争の影響が色濃く反映されている。一九一九年に出版された『民主主義の理想と現実』では、歴史的に衝突が不可避なロシアのランドパワーとイギリスのシーパワーの対立が、再び強調されている。しかしこのように歴史の理論を一括して適用するのは間違いである。なぜなら、歴史的にはこの二国の対立は決して不可避ではないからだ。実際のところ、十九世紀と二十世紀に起こった三つの大戦争――ナポレオン戦争、第一次世界大戦、そして第二次世界大戦――では、大英帝国とロシア帝国は、ナポレオンやヴィルヘルム二世、そしてヒトラーなどが率いた侵略的なリムランドの国家に対して、一致団結して戦っているのだ。

要するに、今までの歴史の中では、純粋な「ランドパワーとシーパワーの対立」は発生していない。戦いの組み合わせを歴史的に見れば、「リムランドの数カ国とイギリスの同盟国」が「リムランドの数カ国とロシアの同盟国」に対抗したり、イギリスとロシアが支配的なリムランド国家に対抗するという構造はあった。したがって、マッキンダーの格言である「東欧を支配するものはハートランドを制し、ハートランドを支配するものは世界島を制し、世界島を支配するものは世界を制す」というのは間違いである。もし旧世界のパワー・ポリティクスのスローガンがあるとすれば、それは「リムランドを支配するものがユーラシアを制し、ユーラシアを支配するものが世界の運命を制す」でなければならない。

アメリカは過去三〇年間の内に二度も戦争をしており、その際の安全保障への脅威は、「ユーラシア大陸のリムランドがたった一国によって支配される」という形で表れたのだ。ドイツは一九一七年末までにロシアに勝利し、それが一九一八年三月三日のブレスト・リトフスク条約につながり、これによってドイツの大西洋沿岸支配は確実と思われていた（地図37）。それと同時に、表面的にはイギリスとアメリカの同盟国であった日本も、極東の完全支配を達成しようと試み始めている。日本は一九一五年に中国（清）に対して二十一カ条の要求を突きつけることによって、その動きを開始した。その後の一九一八年には、同盟国たちと共にシベリア出兵を行っており、自国の利益を強く主張している。もしこの時に反発する勢力がなければ、日本はこの紛争でアジアのリムランドを完全支配していたかも知れない。

一九二一年から二二年にかけて行われたワシントン会議では、日本の極端な二十一か条の要求が部分的にしりぞけられ、同時にシベリアと山東半島からの撤退も実現した。第一次世界大戦後のヴェルサイユ条約よりもワシントン会議での諸条約に注目してみると、我々はこの会議の権力闘争で勝利を収めることができたおかげで、敵を比較的に狭い地域に押し込めることができたのだ（地図38）。しかしそれでも彼らがリムランドの支配と広大な潜在力を求める拡大政策を再開させるまで長くはかからなかった。第二次世界大戦はこの政策が継続していたことを証明しており、日本は一九三一年、そしてドイツは一九三六年から、積極的にその活動を再開しているのだ。現時点でドイツの最大拡大点は間接的にダカールまで届いており、日本はニューギニアとオーストラリアの間にあるトレス海峡まで到達している（地図39）。

第二次世界大戦の流れは、ヨーロッパにおけるパワーの均衡が世界の平和と繁栄にとって重要であることをハッキリと示している。マッキンダーが最近発表した新しいハートランド理論＊では、リムランドの重要性や、この地域でドイツの拡大を防ぐためにイギリス・ロシア・アメリカが協力しあうことの必要性が認められている。彼はハートランドの境界線をエニセイ川側にわずかに寄せることによって若干の修正を加え、中央のシベリアの草原地帯の重要度を下げている。今回はソ連のパワー（実際にこれが地理的に

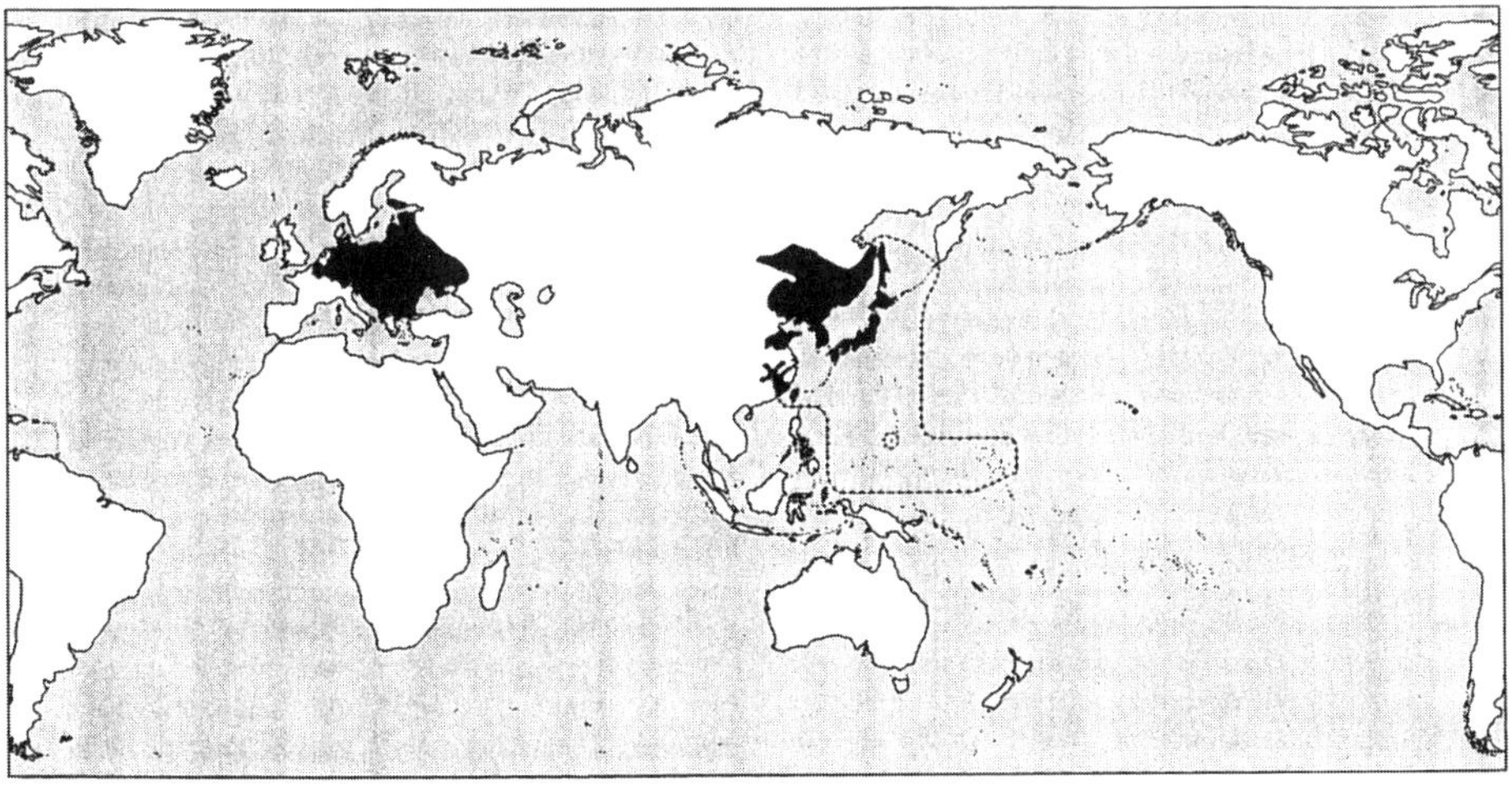

地図37 ドイツと日本の最大拡大範囲　1914～1921年

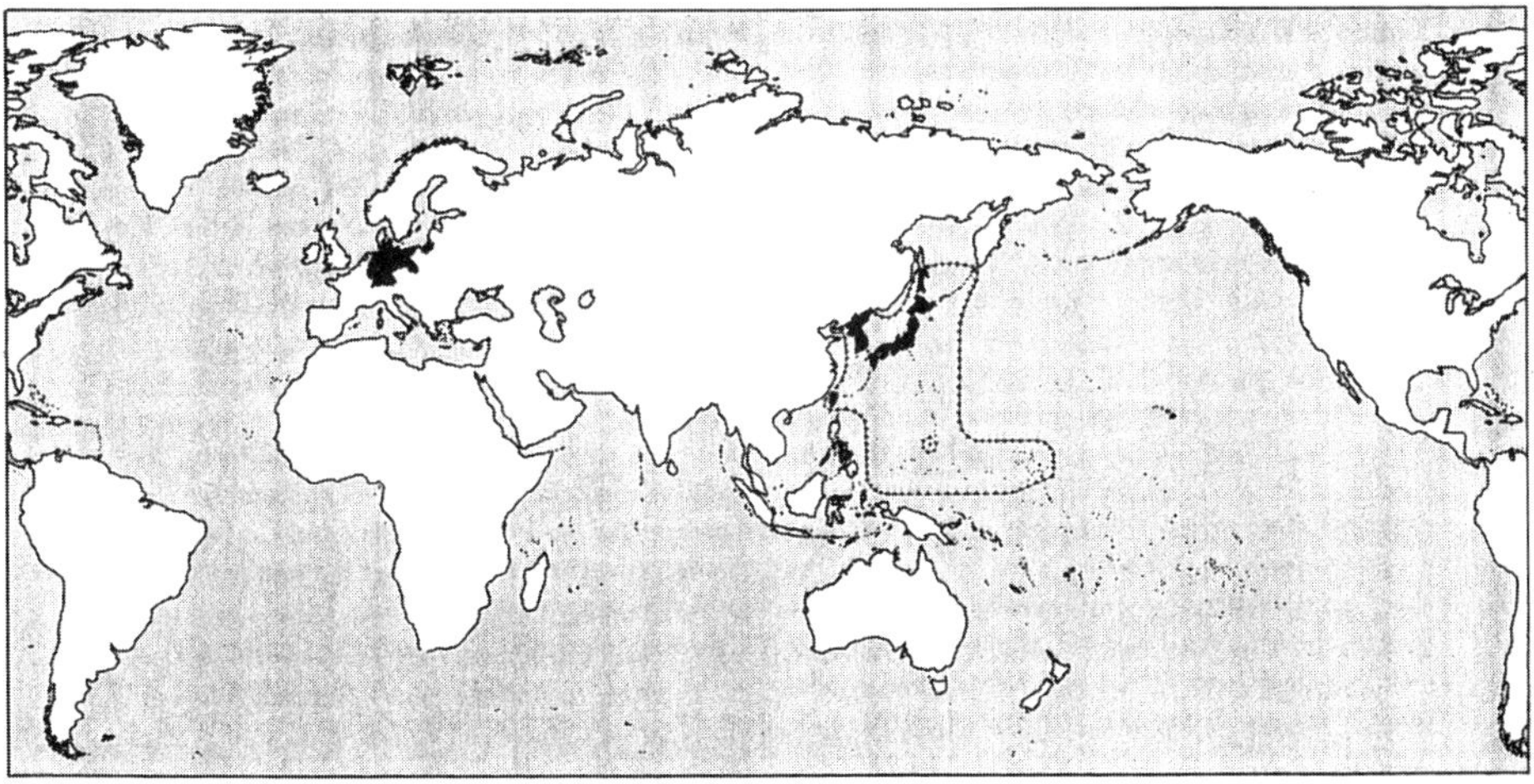

地図38 第一次世界大戦直後のドイツと日本

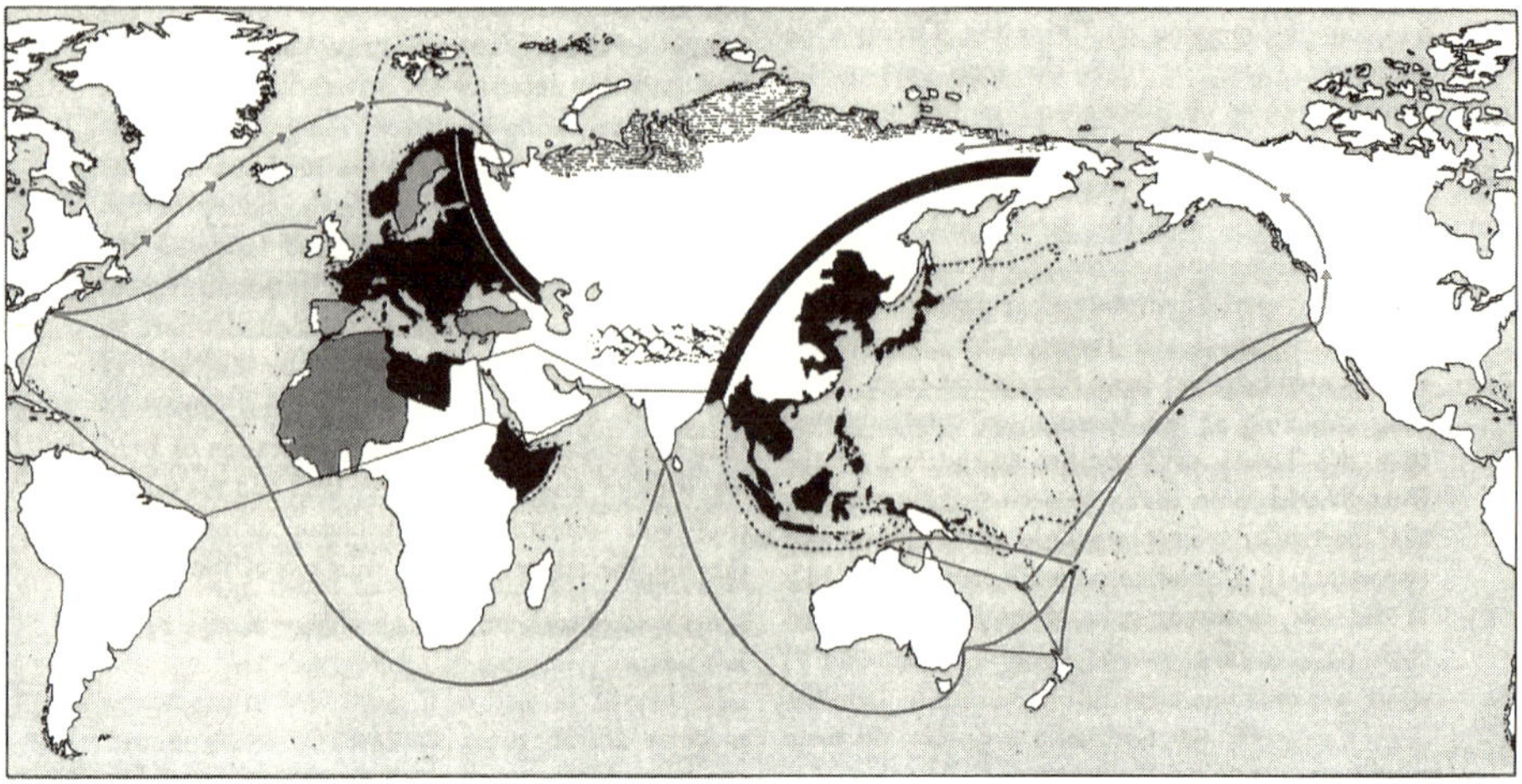

地図39　ドイツと日本の最大拡大範囲　1931～1942年

集中しているのはウラル山脈の西側）に対して大きく注目している点が目立っている。ハートランドはリムランドよりもそれほど重要ではなくなり、イギリス・ロシア・アメリカのランドパワーとシーパワーの協力関係がヨーロッパ沿岸部をコントロールし、その結果として実質的に世界の力関係もコントロールすることになる、というのだ。

＊ H. J. Mackinder, "The Round World," *Foreign Affairs*, July, 1943.

V

安全保障の戦略

現在の戦争では連合国側が勝利を収め始めているが、この戦いを物理的な面から考えると、ヨーロッパとアジアのリムランドのコントロールをめぐる争いとして見ることができる。我々の目標は、西洋文明が歴史的に生み出してきたものと正反対の原則や理想を持つ覇権的な国家による支配から、この二つの地域を守ることにある。我々は自分たちの独立、民主制度の維持、そして価値観の維持などは、一時は無敵の強さを誇ったドイツと日本に対する勝利の達成度に左右されるものであることを知っている。また、我々は自分たちの軍隊の成功というものは、総力戦の要求に自分たちの軍事力がどこまで応えられるのかという点から直接的に計り知ることができることを知っている。我々の平和をつくりあげようとする努力がどれだけ効果的なのかは、私たちが国際社会の性質と自国の地理的な位置をふまえ、自分たちの安全保障の維持の際のパワーの使い方を学習するやり方によって、じかに計り知ることができるのだ。

平時のパワーの行使は、戦時に成功を決める戦略と全く同じ原則によって条件付けられている。我々は第二次世界大戦のおかげで、戦前に企画・開発された多くの兵器や戦術などを再検討することを迫られることになった。電撃戦という戦術の開発や、航空戦の驚異的な拡大は、戦場での軍事力の行使に影響を与え、世界中の多くの場所の戦略的な意味に大幅な修正を迫ることになったのだ。このような変化は、平時と戦時の戦略にも影響を与えた。世界戦争の特徴をある程度理解することができれば、近年の民主制度に対する脅威を二度と発生させないようにするための「行動の指針」を得ることができるかも知れないし、最低でも我々が自分たちの安全を守るために第三次世界大戦に突入せざるを得なくなるような状況の発生を遅らせることはできるのだ。

世界戦争

世界戦争と世界平和というのは、全ての前線と全ての地域がお互いに関係し合っていることを意味している。二つの場所がいかに離れていようとも、そこでの成功や失敗は他の場所にとって直接的な影響を与えることになる。したがって、世界をひとつの総体としてとらえ、すべての場所の状況を見ながら勝利を達成する行動をとることが必要になってくる。たしかにヨーロッパと極東は独立した地域のように見えるが、それでも作戦が行われる大きな舞台の中のたった一部分なのだ。よって戦争の大戦略は、このような世界のパワーの中心地と密接な関係を持っているものとして分析されなければならない。我々はこのパワーの中心地が北米の大西洋沿岸部、ヨーロッパ沿岸、そしてユーラシアの極東の沿岸部にあることを見てきたが、この他にも将来パワーを増加する可能性のある四番目のマイナーな場所として、インドの存在を指摘しておくべきだろう。

地理の現実が教えているのは、西半球のパワーの中心地であるアメリカの二・五倍の広さと一〇倍の人口を持つユーラシア全体の潜在力が、将来アメリカを圧倒する可能性がある、ということである。つまり地理はこれらの地域の相互関係の底に潜むメカニズムを決定しているのだ。たしかに現在では新世界の工業生産力は旧世界のそれとほぼ同じ規模であるが、それでもアメリカが統一されたユーラシアのリムランドに直面することになれば、強力な勢力による包囲状態から逃れられないことになってしまう。よって平時・戦時を問わず、アメリカは、旧世界のパワーの中心が自分たちの利益に対して敵対的な同盟などによって統一されるのを防ぐことを目指さなければならない。

アメリカが戦争に勝って自らの目標を達成するためには、まず過去一〇〇年間の政治・軍事戦略を決定してきた伝統的な「シーパワーへの依存状態」を修正しなければならない。アメリカとその同盟国であるイギリスは、大陸で行われている戦闘とランドパワーの行使の重要性を共に認識せざるを得ない状況に追い込まれた。この二国にとって幸いだったのは、ヨーロッパにはソ連、そして極東には中国（国民党）という同盟国があり、大陸で戦闘を行うための足がかりを持っていたことだ。

一九三九年の戦争によって明確になったのは、陸上の戦いを決するためにはシーパワーとエアパワーの兵力が不可欠だということである。船も飛行機も地上にある港や飛行場がなければ機能しないため、決定的に重要になってくるのはこのような基地の強さだ。この事実は、軍機が自国の基地から敵国まで行って攻撃し、どこにも着陸せずに帰ってくることができるほど航続距離を伸ばすまでは変わらない。その時までは敵のエアパワーを攻撃するための前線基地は必要であり続けるのだ。敵によって支配されている地域にまでこのような基地を拡大できるかどうかは、戦闘機の航続飛行距離の長さによって左右される。なぜなら戦場のすぐそばの戦闘機の存在だけが、敵の激しい攻撃から基地を守ることができるからだ。この原則を完璧に証明しているのが、現在太平洋戦線で行われている戦いであろう。我々は先に基地だけを確保して戦闘機による防御線を追い越さないようにするために、島から島へとゆっくり前進せざるを得なくなったのだ。

エアパワーというのは実は飛行機だけのことを示すのでなく、実は「飛行機プラス航空基地」のことなのだ。また、この逆も真であり、航空基地はエアパワーによって防御されなければならない。したがって、近代戦争において国家が勝利できるかどうかというのは陸・海・空の三軍間の連携にかかっているのであり、「補給」という何よりも重要な要因によって左右されるのだ。「ロジスティクス」（logistics）という奇妙な言葉は、第二次世界大戦中に新聞・雑誌などで何度も繰り返し使われたために大多数の人々にとってすでに聞き慣れた言葉かも知れないが、これは軍事面で必要となる「補給」の基本的な問題を示している。戦場が全世界に拡大したのと同時に軍隊の装備の規模と重要性が増大した現在、ロジスティクスは戦闘行為を行う上で不可欠な要因となったのだ。軍隊に火力を供給する貨物を移動させるためには、世界中の何百万人という人々の超人的な努力を必要としている。鉄道、トラック、商船、輸送機、そしてラクダや牛車のような様々な原始的な運搬手段が、連合軍の戦闘部隊が使う武器や弾薬や食糧を運ぶために使われている。前線に向かう兵士一人につき六～一〇トンの物資が必要であり、前線の兵士が戦い続けるには毎月一トンの物資が必要なのだが、これを供給する際に発生する問題は深刻であり、我々の創意工夫を極限まで要求するものである。

現在の軍事戦略に関して発言している人々の多くは、このロジスティクスの問題の解決法は輸送機にあると宣言している。彼らは何十トンも運ぶことができる巨大な輸送機を使えば、気船や鉄道の代わりになると言っている。これまでの戦争の経過や、時々発表されているデータによって（部分的に）示されているのは、今日の戦闘部隊には膨大な量の物資が必要だ、ということである。これによってハッキリしているのは、飛行機は速度の遅い貨物船などを補う役割を果たせるかも知れないが、それでも完全に貨物船の代わりにはならないということだ。エアパワーを活用するということは、ある場所に単に飛行機を飛ばすということだけではなく、それを運用し続けなければならないことを意味している。つまりこれは補給を円滑に行うための中継基地のラインや、莫大な量の特殊ガソリン、爆弾、弾薬、予備の部品、予備のエンジン、補修要員、地上部隊、対空防衛などの存在が必要であることを示している。なぜなら今日のエアパワーは、全てを飛行中に行えるような自給自足的なものではないからだ。おそらくドイツはどの国よりもこの方向を目指していると言ってよいかも知れないが、彼らの戦場であるヨーロッパには航空基地が約一〇〇マイルごと設置されており、それらの全てが世界で最も緻密な鉄道網や道路網によって結ばれている。アメリカの場合は自分の大陸の外側だけでなく、海を越えた遠方にある海域や、北極の未開地などで自国のエアパワーを強化する必要があった。銀色の鳥（飛行機）が青い空に向かって飛び立つ様子は、自由の象徴や人類の空の征服を意味し、同時にそれは人間が地面に縛られないことを象徴しているのかも知れない。もちろんこれらはたしかに詩的には美しいものかも知れないが、それでも単なる想像であり、現実の姿をあらわしてはない。我々のエアパワーを象徴する飛行機というものは、実は航空基地や、さらにその向こう側ではテキサスの油田の木製の油井や、水力発電所のそばのコンクリートで作られたダム、そしてギアナの泥だらけの川沿いにあるボーキサイトの鉱床などの、見えない糸によって縛られているのだ。よって、エアパワーが持っている「自由に向かって飛び立つ鳥」というイメージに騙されてはいけない。飛行機が地上から飛び立つことができるのは、地上にあるトラックが、鉄道の物資集積所や港やドックからガソリンや潤滑油や弾薬を運んでくるからである。ヨーロッパやアジアにあるアメリカのエアパワーは、鉄道や船によって物資を運び込まれる「海洋交通ルートの最終地点にあるエアパワー」になるのだ。ここから逆に考えると、我が空軍に対するドイツの最強の武器は、動きの速いメッサーシュミットや強力なユンカース爆撃機ではなく、むしろペルシャ湾岸地域の港から遠方の戦場に向かって航行している我々のタンカーを沈めることができる、動きの遅い潜水艦のほうなのだ。

現代の世界戦争が我々に教えているのは、第二次世界大戦で勝つにはユーラシア大陸の外縁にある軍港だけでは足りない、ということだ。我々は大陸の戦闘で活用されているランドパワーの現実を受け入れなければならない。シーパワーとエアパワーは、陸上で行われる戦闘を決するように作られてきた。このような事実から必然的に出てくる結論は、陸海空のすべての戦闘部隊の完全な協調の必要性であり、これによってこの三軍は勝利を目指すための単一の武器として統合運用されなければならない、ということだ。我々が第二次世界大戦の戦闘で勝てるようになったのも、緩慢で苦痛を伴う経験から我々がいやおうなしに学んだからだ。

第二次世界大戦の戦略パターン

現在の戦闘におけるこのような戦略の基本原則を踏まえれば、我々は第二次世界大戦に行なわれている実際の戦闘のパターンを検証することができる。まず当初からハッキリしていたのは、この戦争は多数の国々で結成された同盟国と、各戦線で単独の国家として機能する敵国との間の戦いである、ということだ（**地図40**）。日本とドイツは政治的にまとまった単一国家であり、戦略や政治に対する一つの支配的な考え方が存在していた。もちろんここで付け加えておかなければならないのは、地中海で実現できたように、我々も軍事面でのコントロールではある程度の成功はおさめている、ということだ。連

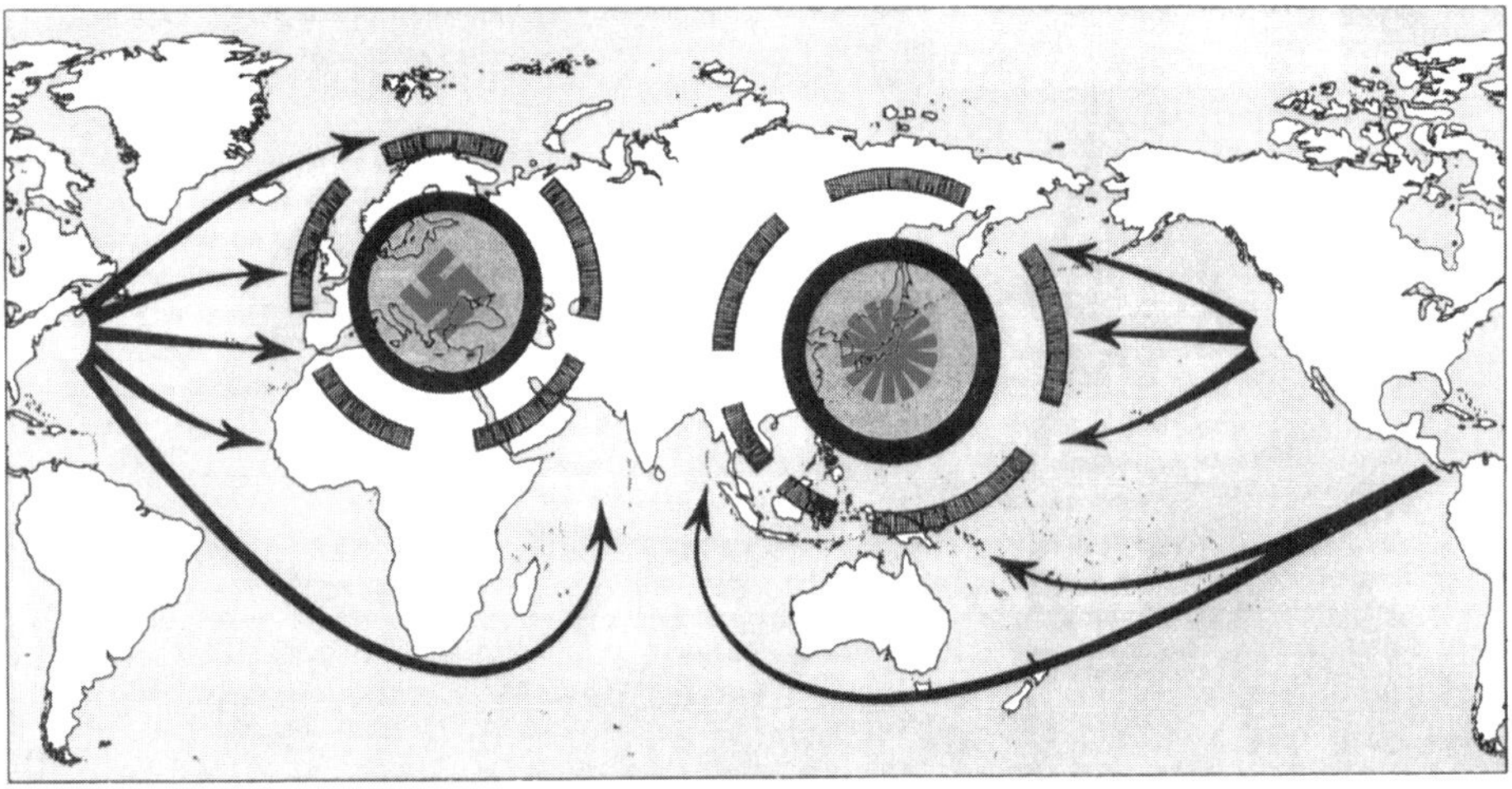

地図40「統一性」対「複数性」
（→原著の原色地図は *20* 頁参照）

合国側は戦争が進むにつれて目標が定まり、リーダーシップはさらに高められてきたが、本当の真価が試されるのは戦争が終わった時からだ。あまりまとまりのない我々の同盟国は、負けはしたができるだけ良い条件で和平交渉を進めようとする一致団結した敵国と、外交交渉を行わなければならないのだ。同盟国が和平交渉をするのは戦争を実行するよりもはるかに難しいのだが、それでも我々が自分たちの目標を達成するために勝ちたいのなら、なんとしても和平交渉を成功させなければならない。

これを純粋に軍事的な面から見てみると、我々は現在それぞれ三角形になっている二つの主要な戦域で戦っていることに気づく（**地図41**）。それぞれの戦域には、二つの水陸両用（海岸）地帯と一つの大陸地帯が存在する。この状況の第一の重要性は、ロシアとアメリカのこの二つの戦場に対するポジションには、かなり似ている部分と、その反対に大きく違っている部分がある、ということだ。まずソ連は二つの戦場の間に陸続きで挟まれて位置している。アメリカも二つの戦場にはさまれてい

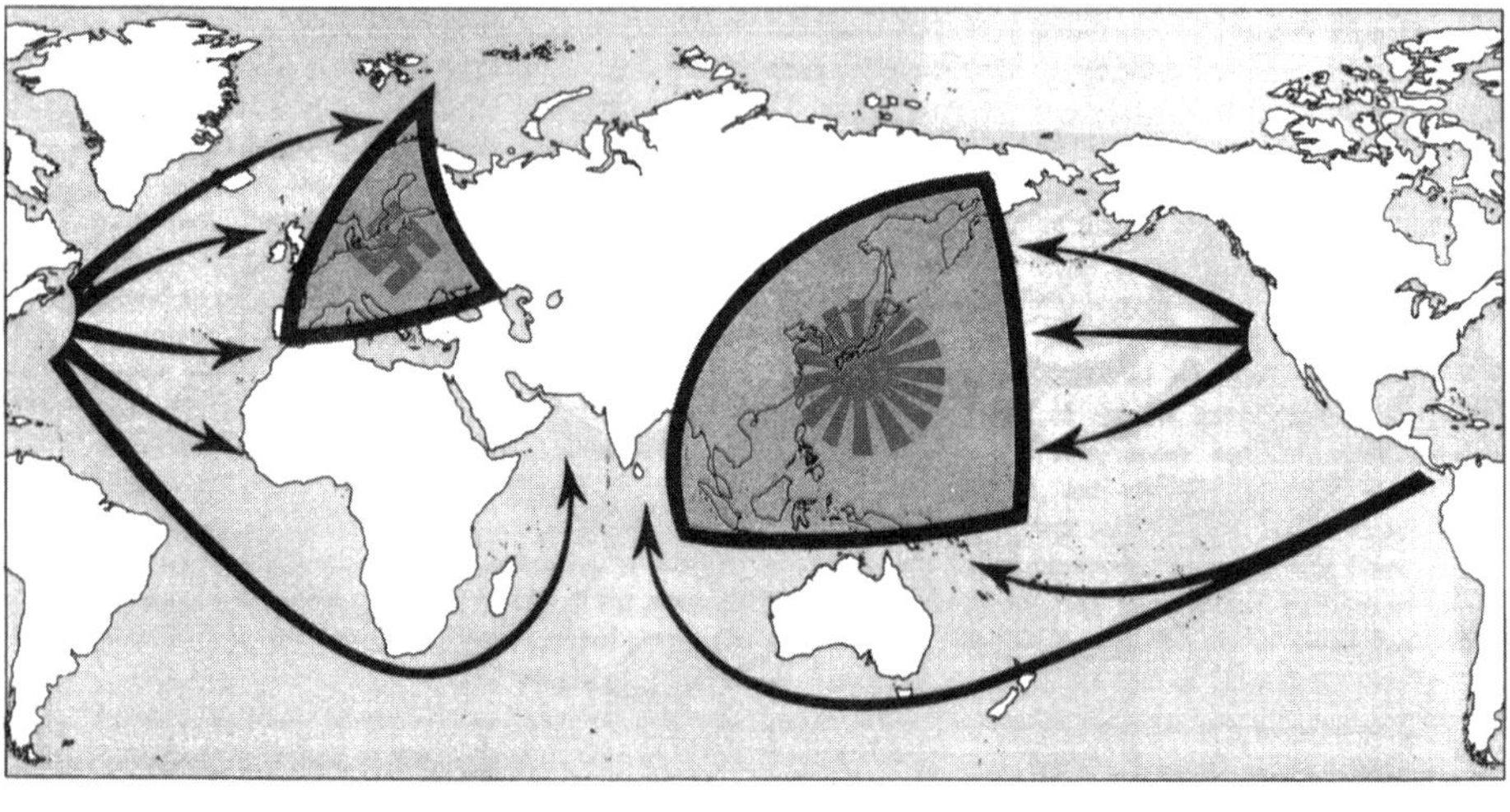

地図41 戦闘区域 1943年
（→原著の原色地図は *21* 頁参照）

るが、海によって隔てられて位置している。したがってこの二つの国が抱える兵站面での問題はそれぞれ異なるのだが、両国とも戦場に戦力を集中させるという点では似たような政治的判断を行わなければならない。このような事情から、双方とも主な関心をユーラシアの三角地帯に向けたのだ。

連合国軍をこれらの二つの戦域に結びつける交通路の距離は、異常に長い。しかもドイツと日本は自分たちの内部の補給線を使用することができるという点で極めて有利な状態にある。これはつまり、この二つの国の軍事と政治が単独・統一した政府によって掌握されているという事実に加えて、彼らの交通路の距離が短く、それらを容易に支配できるということを意味している。ところが彼らは一九四一年から二つの戦線で「大陸型」と「水陸両用型」という二つのタイプの戦闘を戦うという大きな問題に直面している。ロシアと中国のランドパワーと、イギリスとアメリカのシーパワーが、ドイツと日本に対して二つ戦線と二つの戦闘を同時に戦うよう迫ったからだ。

我々の敵は、内側の交通路を使って有利に立てるような戦略の原則に沿って戦争を戦おうとしている。彼らが具体的に狙っているのは、一つの戦争を終わらせてから次の戦争に着手するということである。我々の狙いはこの試みを失敗させることにある。日本がアングロ・サクソンの国々に取りかかる前に、まずは中国を圧倒してしまうことから阻止しなければならないのだ。たしかにドイツは、フランスを攻撃したり、ロシアに向かう前にポーランドを打ち負かした時には成功をおさめていたが、イギリスを倒すのには失敗しており、アメリカが参戦した時にはまだイギリスやロシアとの戦いにかかりきりだった。このドイツの失敗は、戦争全体の流れの中で大きな分岐点となったのだ。

アメリカにとって参戦時の最大の問題は、二つの水陸両用的な二つの戦域において、どうすれば効果的な戦闘部隊となれるのか、ということだった。我々はアングロ・サクソン特有の「海戦だけが重要だ」と

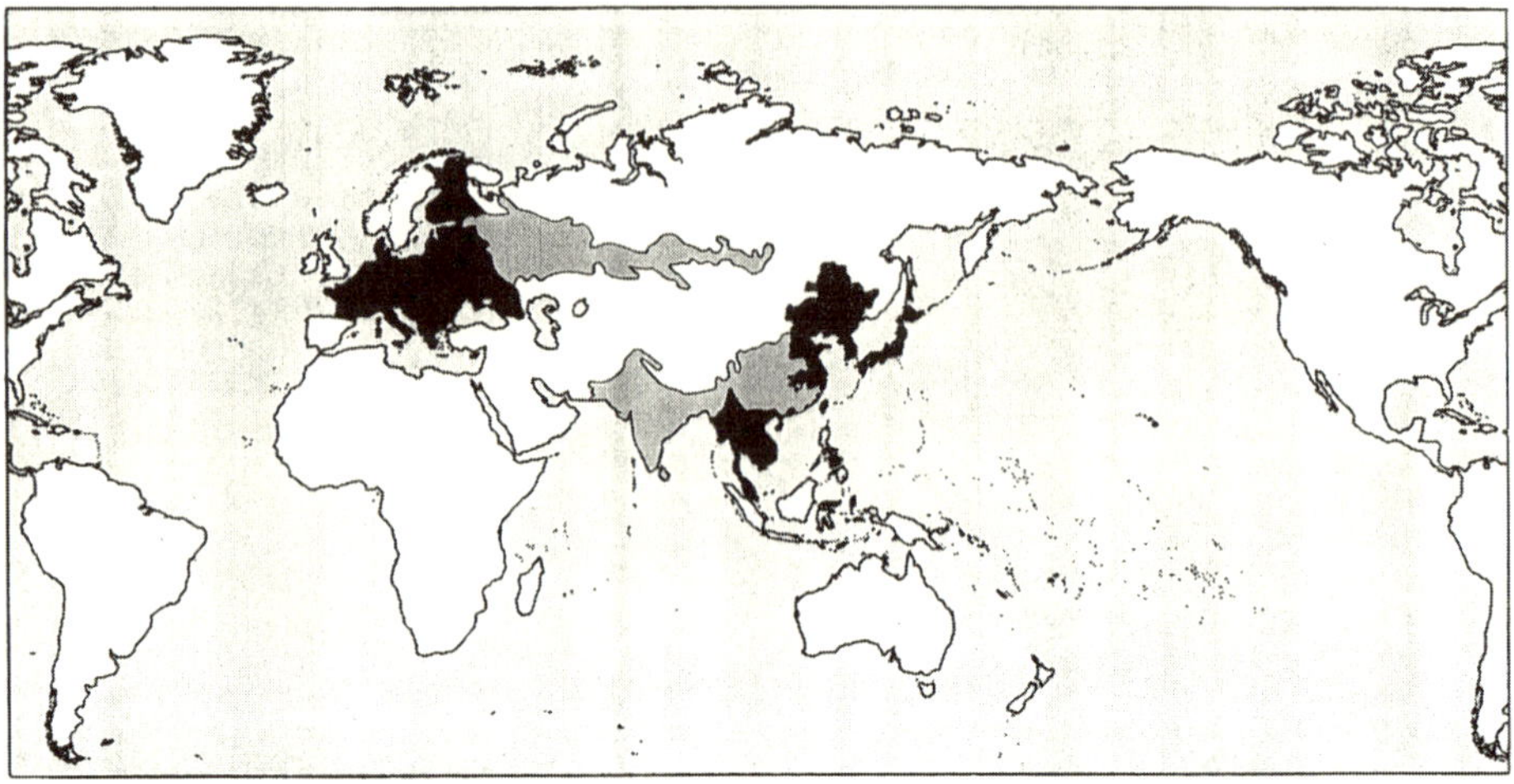

地図42 パワーvs空間

いう考え方を捨てて、ロシアと中国のランドパワーが奮闘している大陸側の戦闘地域の重要性というものを学ばねばならない。ヨーロッパの沿岸と太平洋沿岸へ上陸できても、同時にロシアと中国が各戦線で勝利しないかぎり、我々はドイツと日本を打ち負かすことはできない。

これらの二つの陸上の戦線の状況は、大陸にある我々の二つの同盟国（中・ソ）が空間を戦略的に使うことによって耐えている様子によってうかがい知ることができる（**地図42**）。この二国は、自分たちの領土の奥深くまで撤退しつつ、戦力は温存しているのだ。ところがこのような空間の防勢的な使い方というのは、その撤退後の地域に潜在力の面で重要性がないか、もしくはその地域が後になって外部からの援助を受けられる状況にあり、しかも外から補給が無制限に行える場合にだけ実行可能となるのだ。ロシアのパワーはウラル山脈の西方の大規模な地域にわたって広がっており、中国のパワーは主に沿岸地方に存在している。したがって大陸にある戦線は自給自足できるわけではな

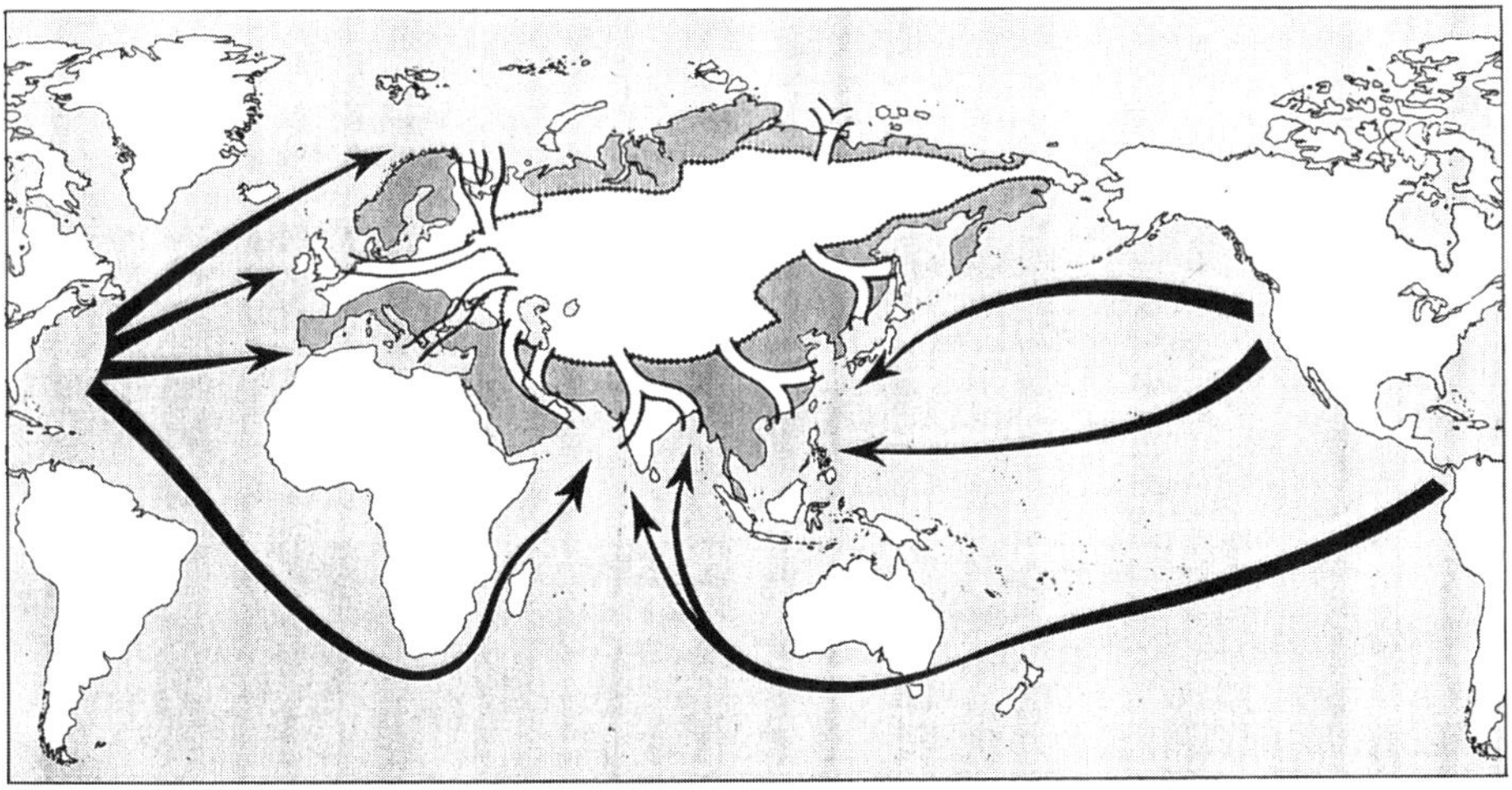

地図43 ハートランドへの入り口

地図44 枢軸国の障壁

く、アメリカとイギリスからの物資の供給によって支える必要がある。ようするにロシアと中国の陸軍は、連合国側の戦争計画には欠かせない存在なのだ。

この事実は、ロシアや中国への物資などの補給は我々の戦争遂行に計り知れない重要性を持っており、戦争開始から二年間の我々の努力のほとんどは使用可能な補給路の安全確保に向けて集中しなければならなかったことを意味している。我々がロシアに到達するためには、ユーラシア大陸の陸地に囲まれたハートランドへのアクセスを確保する必要があったのだ。我々は本書において、旧世界のこの地域にアクセスすることができるルートはほんのわずかしかなく、これらのルートの利便性にも限界があることを見てきた（**地図43**）。第二次世界大戦開戦当初のドイツと日本の迅速な進軍によって、我々の陸上ルートはほとんど切断され、これによってこの時期から使用可能なルートは北極海とインド洋だけに限られてしまった（**地図44**）。ところがこの二つのルートは、気候や地形的な事情によって必然的に使いづらいものとなっている。連合国側がヨーロッパの地中海を使えることになったおかげで、インド洋のルートの実用性もさらに高まった。ところが極東側では日本の拡大したパワーによって、ロシアと中国への両方のルートが遮断されてしまった。したがって、中国、ロシア、インドへの陸上ルートの能力には限界があり、中国軍に十分必要な物資を届けられているとは言いがたい。日本を最終的に敗北させることができるかどうかというのは、主にこの状況を解決できるかどうかにかかっているのだ。

ユーラシアの紛争地帯

我々は第二次世界大戦で直面することになった戦略ポジションの状況に対してそれなりに上手く対応で

きているとと思うが、それでもこの状況を決定づけている基本的な地理的構造というものは、戦争に勝利しても消滅させることはできない。戦後の平和を築く戦略的地域と、この戦争において戦場となっている地域というのは、実はまったく同じパワーの中心地が基礎になっているのだ。世界全般、とくに西半球の安全性を左右するのは、平時におけるこれらの地域間のパワーの関係である。アメリカはまさにこの理由のために、これらの地域で圧倒的な国家が出現するのを防いで自国のポジションを維持しなければならないのだ。我々は今まで軍事力を使うことによってこの状況にうまく対処することができたが、同時に我々は戦後もこの状況に対応する政策を実行し、しかも戦うことなく同じ目標を達成しなければならない。本書で述べた地形の分析は、ユーラシア大陸の政治関係を見極める助けとなり、我々の政策が実行される場となる旧世界の潜在的な紛争地帯の様子を明らかにすることができる（**地図45**）。西半球のパワー争いは、常にハートランドとリムランドの関係、リムランド内のパワーの配分、沿岸地方における海洋側からの影響の圧力、そしてこの圧力に対する西半球からの参入などをめぐって争われてきた。

歴史的に見ても、ハートランドから外側に向かう強烈な軍事的・政治的圧力は常に存在していた（**地図46**）。古代の中央アジアの部族民たちは、何度も中央の平原地帯全体に拡大し、リムランドの一部を侵攻・占領している。ヨーロッパでは、この現象がチュートン人とスラブ民族の間の千年間にもおよぶ東欧の緩衝地帯をめぐる争いという形であらわれている。近東地方ではロシアがインド洋への到達をめぐって、トルコやイギリスと争っている。第二次世界大戦後には、ロシアと中国が新疆省と外モンゴルをめぐって争うことになるはずだ。この一帯の地下埋蔵資源は、その存在の確認・未確認に関わらず、この争いを激化させることになるのは確実だ。実際に、リムランドのある外側へ拡大しようとするロシアの動きは、戦後処理の過程の中で深刻な懸案事項の一つとなるだろう。

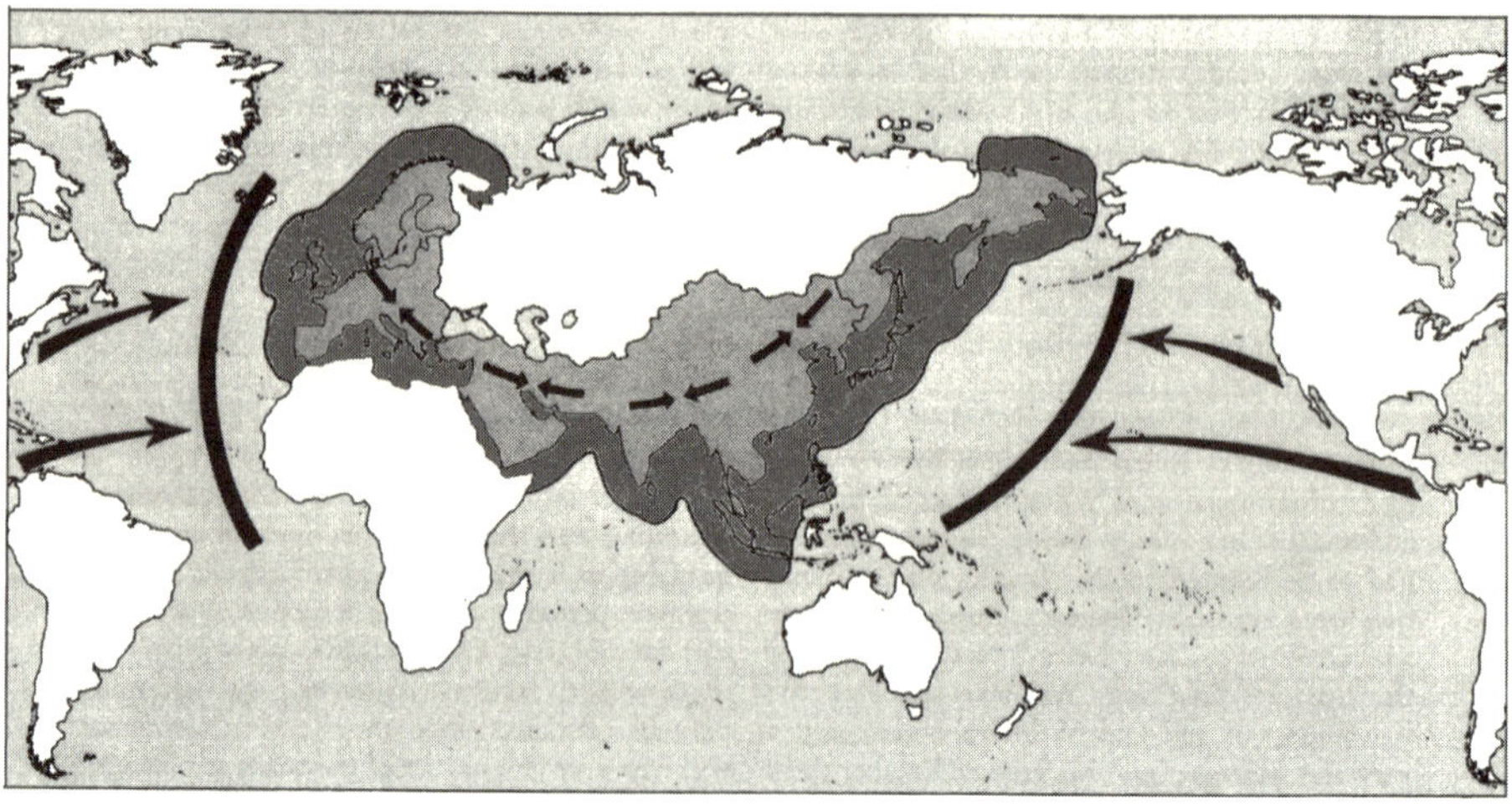

地図45 ユーラシアの紛争地帯
（→原著の原色地図は *22* 頁参照）

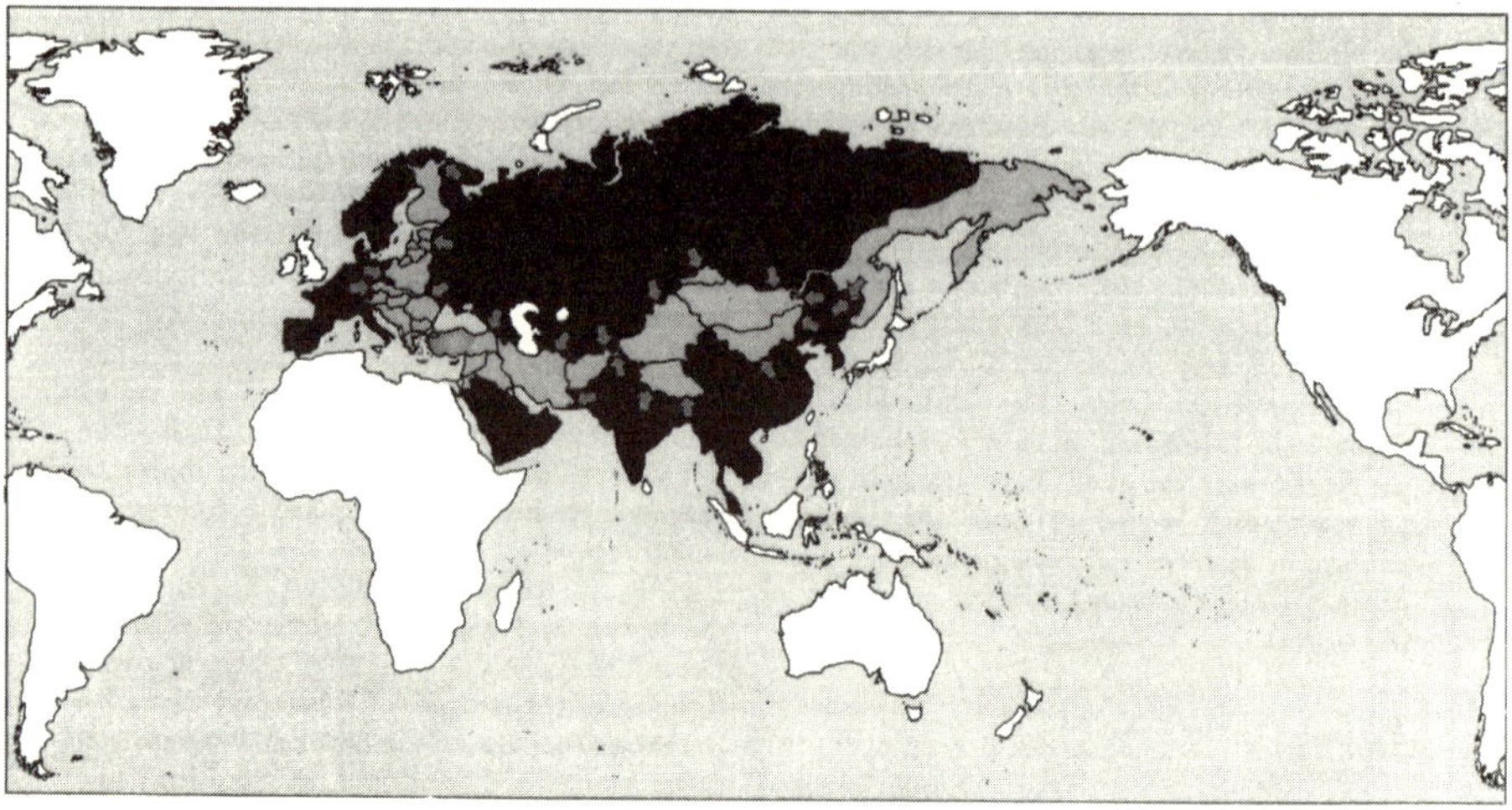

地図46 ハートランドvsリムランド
（→原著の原色地図は *23* 頁参照）

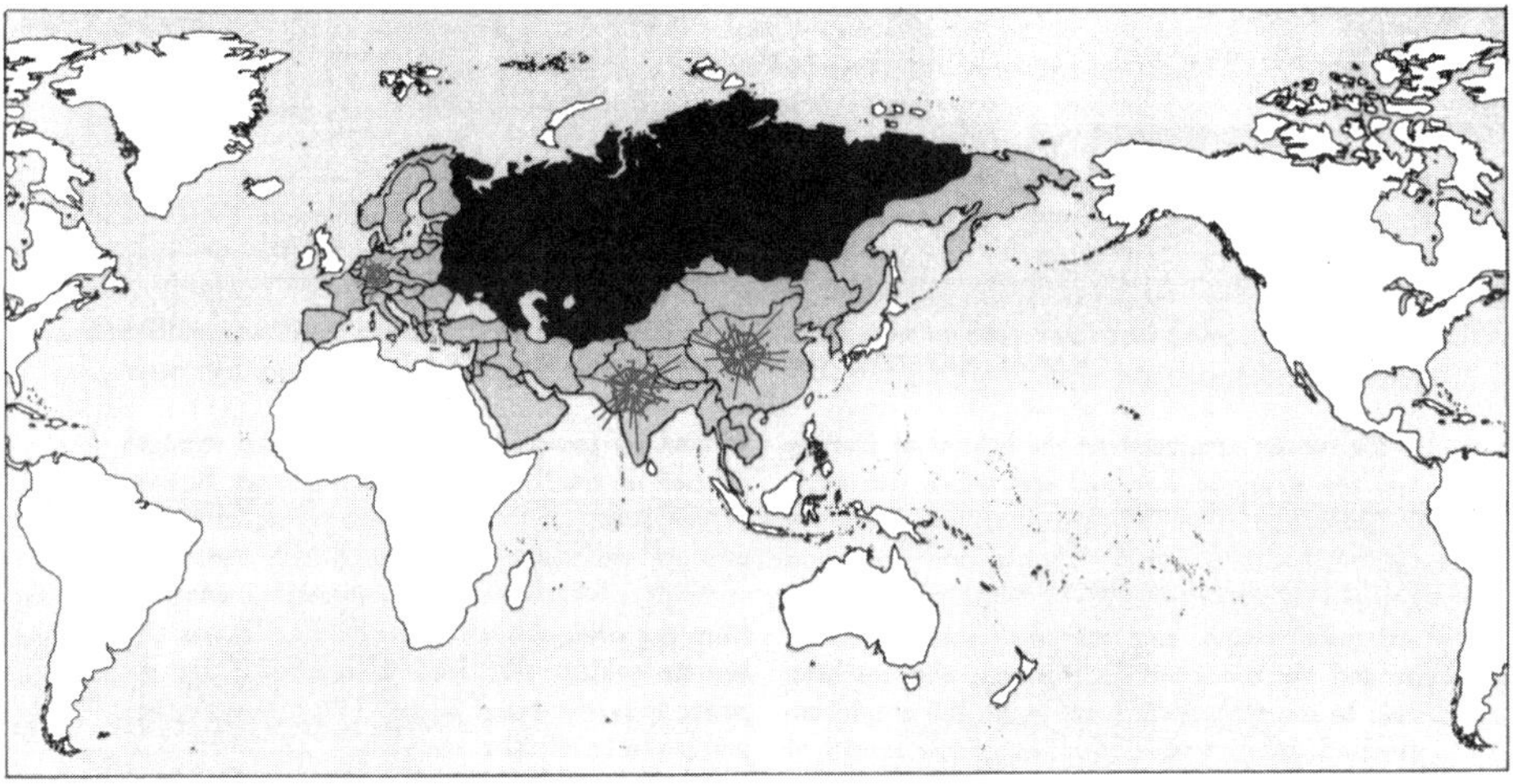

地図47　リムランド内の紛争
（→原著の原色地図は *24* 頁参照）

次に紛争が起こる地帯は、リムランド内部である（**地図47**）。ヨーロッパ内で、今後も引き続き最も重要になるのがフランス・ドイツ・東欧間のパワーの配分である。ヨーロッパというのは多数の国家の中に成熟したナショナリズムが存在する地域であり、この事実は平和になっても劇的に変化することはない。この大陸で単独最大の潜在力を持っているのはドイツだが、これはフランスと東欧のパワーによってバランスされなければならないし、同時にこの三つのどれか一国が全体を完全に支配するのを許してはならない。したがって、三つの超大国が戦後行わなければならないのは、パワーの適度な配分状態の維持である。

インド洋・極東などのユーラシアの沿岸地域では、ナショナリズムの高まりと、その結果として生まれた国民国家間の緊張関係が、致命的な重要性を持つことになる。インド（大英帝国の一部か独立国家はわからないが）は将来インド洋沿岸地域で支配的な国家となるだろう。もしインドが独立後に国家統一の維持に失敗すれば、その半島にある多くの小国家の間で強烈な

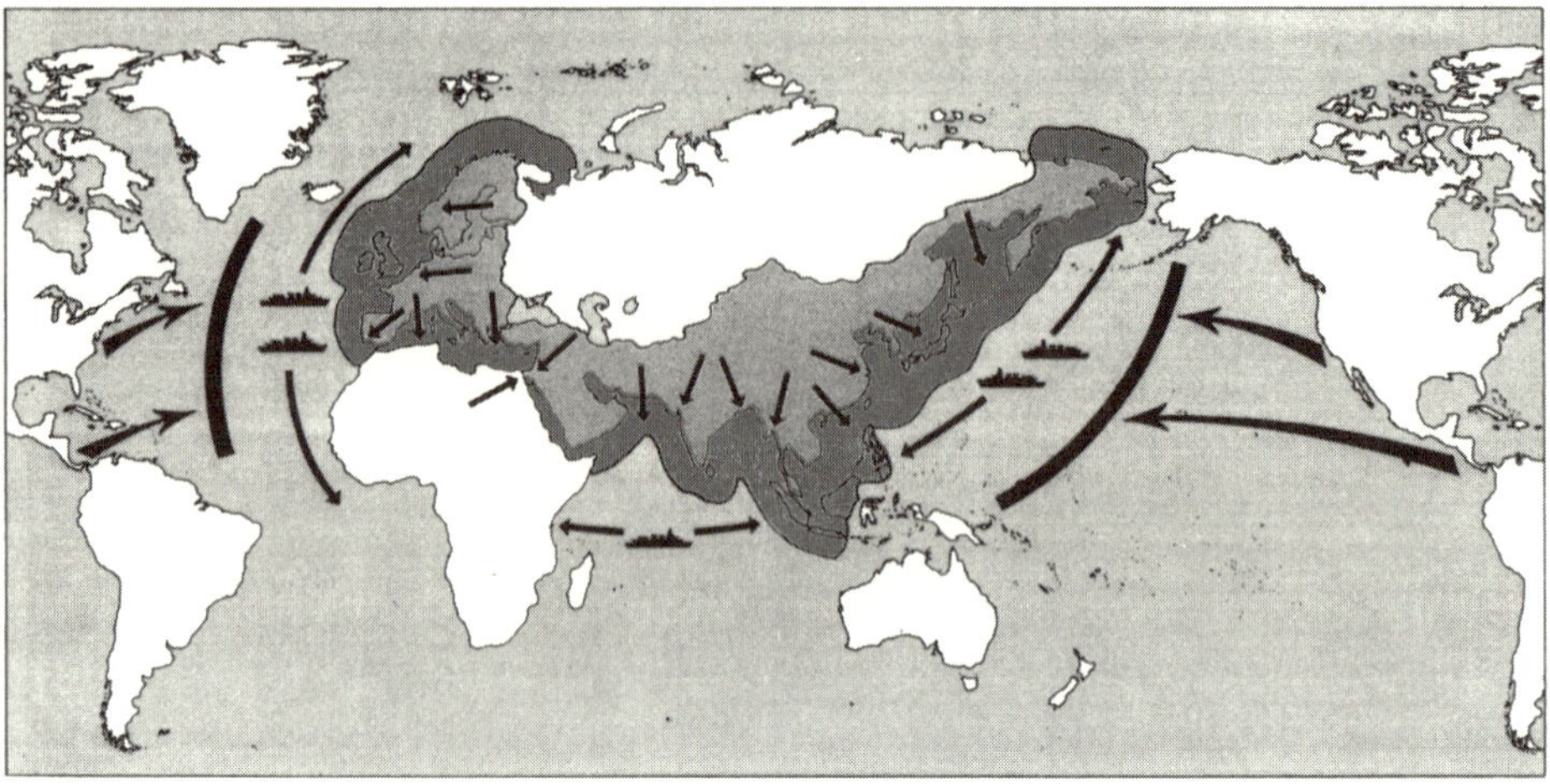

地図48 海洋国家と両生類国家の紛争
（→原著の原色地図は*25*頁参照）

争いが起こるのは確実だ。いずれにせよ、イギリスのパワーはインド洋に面しているアフリカとオーストラリア沿岸では強さを維持することになる。極東では、中国が本物の国内統一を達成し、しかも日本の軍事力が完全に破壊されれば、極東の支配的な国家になるのは間違いない。中国にとって大陸上の唯一の障害となるのは、北側にあるロシアの国力だけであろう。もし西洋の主要国が地球上の全地域に影響力を残しておこうと考えるのであれば、自分たちの基地を海にある島国の上に設置する必要がある。中国の国家が必然的に持つことになるパワーの限界という点から考えてみると、このような島国にある基地は、将来中国が極東を完全支配しようとする動きに対抗するため備えとしてはおそらく十分であろう。

米英両国にとって最も重要な地域は、ユーラシア大陸沿岸とその周辺を囲む、海に面した地域である（**地図48**）。大英帝国は数多くの内海やユーラシア大陸周辺に広がる周縁部の海を支配することによって、その世界規模のパワーをイギリス諸島にある本国から拡大

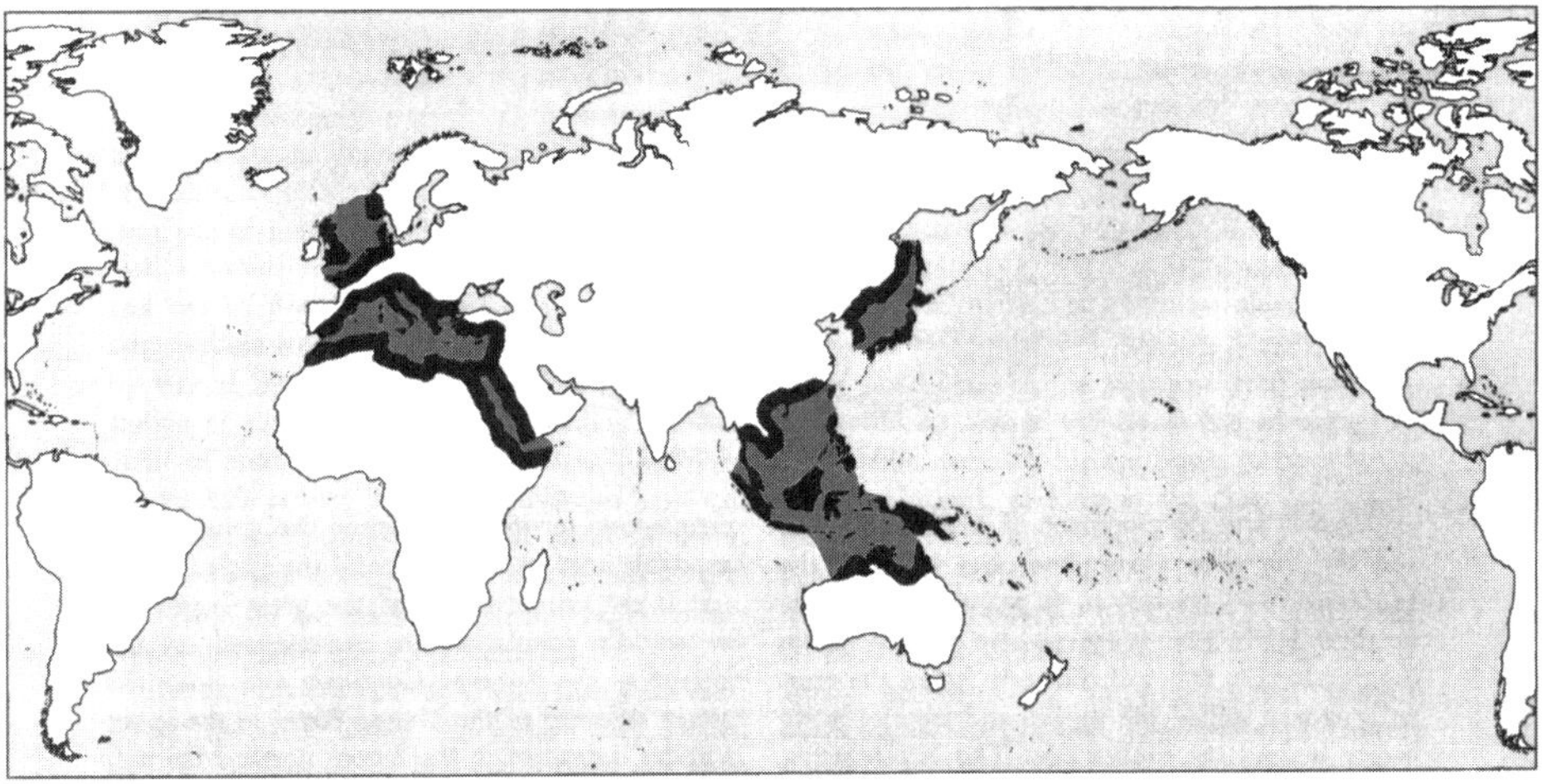

地図49 エアパワーと周辺の海
（→原著の原色地図は *26* 頁参照）

・発展させてきた。これによって、イギリスは両生類的なリムランド諸国に対して海上封鎖の圧力を活用することができたのだ。イギリスは、一九〇〇年頃までたった一国でこのシーパワーによるユーラシア大陸の包囲を行ってきた。十九世紀の終盤になるとフィリピン獲得によってアメリカが南シナ海までパワーを拡大し、一九〇二年以降には日本がパワーを拡大してきたので、イギリスは極東の一部地域のコントロールを日本に担当させることを認めるようになった。ところが現在の大英帝国は、日本の極東海洋地域の独占支配を必死で防がなければならない状況に追い込まれている。

エアパワーの発展によって最も地政学的に影響を受けたのは、世界中でもこの周縁海域をおいて他にない（**地図49**）。現在ではエアパワーを持たないシーパワーは無意味であり、もし基地が小規模で広く分散されてしまえば、飛行機もほとんどその力を発揮できないのだ。このような事情により、大英帝国によって海軍基地として支配された場所の多くは、対空防衛という観点から見れば完全に不都合な場所にあることになる。

また、他にも明らかになってきたのは、地上の航空基地にある飛行機は洋上の空母に積まれているものよりも優れている、ということだ。つまりこれは味方のシーパワーを敵のシーパワーよりも強化するためには、地上の航空基地にある飛行機を使って、双方のシーパワーを支援できない状態にするのが一番であることを意味している。

しかしながらこれはユーラシア大陸の全ての沿岸部が必然的にユーラシアのエアパワーの支配下におかれることになる、という意味ではない。なぜなら海上作戦を双方の地上の航空基地からの飛行機によって支援することができる重要な場所は多いからだ。我々が行った北アフリカとイタリアにおける軍事行動は、もし対岸にエアパワー用の基地を設置できるような場所があれば、旧世界の一定の地域はここから確実に支配できるということを証明している。北海、ヨーロッパとアジアの二つの「地中海」、そして日本海はまさにこのような場所に当てはまるのであり、これらの周縁海の岸辺は、大陸側のエアパワーに対抗するエアパワーを強化して設置することができるのだ。ところがこれが可能なのは、大陸側のエアパワーが、まだヨーロッパとアジアのパワーの中心地を統一できていない場合だけだ。よって「周縁海の対岸にある国はリムランド地帯をたった一国によって支配されるのを防がなければならない」という真理は不変だ。また、他にも注意しなければならないのは、リムランド国家の脅威に対抗するために大陸側から支援を引き出す際には、ハートランドにあるロシアと同盟を組むほうがよい、ということである。

アメリカからユーラシアへのアクセス

ヨーロッパと極東で圧倒的なパワーの台頭を許すのはアメリカにとって得策ではないとなれば、ここでの問題は「この政治的な目標をどのように達成するか」ということになる。三回目の世界戦争をしなければならないような状況を回避するために、アメリカは平時のうちからこれらの地域で影響力を発揮する方法を考えておかなければならない。最近になって地政学を研究し始めた人々は、「旧世界および我々の影響力を行使できる場所への最も直接的なルートは、北極海を飛行機で越えるルートだ」と主張している（地図50）。このような人々は、将来ユーラシア大陸の心臓部への最短ルートになるという理由から、北極海は最も重要な交通区域になると主張している。彼らの考え方によると、カナダ北部やシベリアの沿岸地帯は旧世界と新世界の接する新しいフロンティアになったのであり、この領域において驚異的なエアパワーを持つアメリカは、優越的になることを約束された存在なのだ。ヴィルジャルムア・ステファンソン（Vilhjalmur Stefansson）を始めとする勇猛果敢な人々の著作は、北極圏は全て凍りついて氷と雪に覆われた無人の地ではなく、しかもそこに人間が順応するのはそれほど困難ではないということを多くの人々に知らしめる役割を果たしたのだ。ロシア政府はシベリア北部の探索と開発を強力に推し進め、カナダ政府はハドソン湾会社と共に北部の土地に浸透していった。人類はその活動を北部へと拡大し、ツンドラの永久凍土の下の土を掘り起こし、大麦を高木の生育限界線よりも北で栽培している。しかし北極の「地中海」とその周辺の領域が、世界の中でも食料栽培に最も適さない土地である、という事実は変わらない。

よって、世界の人口の大部分が、ユーラシア大陸のリムランドやアメリカの凍りついた北部ではなく、緯度の低い東部沿岸に集中しているのは偶然ではない。なぜなら人類は常に住みやすい環境を選んできたからだ。ソ連政府やカナダ政府の奨励によって、何百万かの勇敢な人々がコロネーション湾の周辺や東シベリア海の岸辺で冬を過ごすことになったとしても、このような移民政策では人口の集中した地域を移動させることは不可能であり、そのような地域は低緯度の場所に残ることになる。つまりこれは、大圏によ

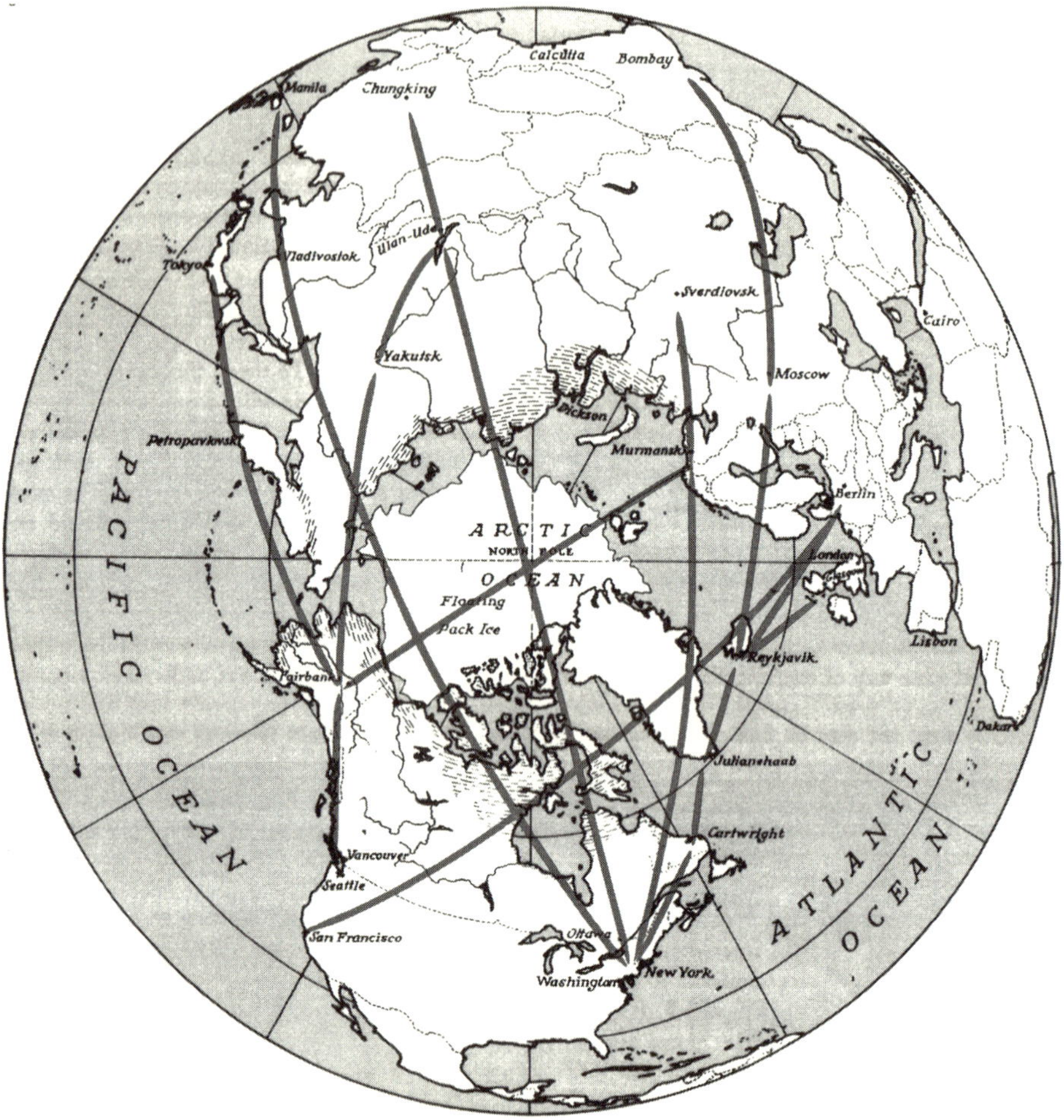

地図50 北極越えのルート
（→原著の原色地図は *27* 頁参照）

って定められる人口の集中した地域の間の交通路は、相変わらず北極圏を通らずに、アリューシャン列島近辺を通る太平洋横断ルートや、ニューファンドランドからアイルランドを結ぶ現在の航空路に近い大西洋ルートであり続けることを意味している。よって、エアパワーは空から新世界へ続く道という意味で、北部の国々、特にアラスカやグリーンランドの国々に対して新しい戦略的重要性を与えることになったのだが、それでもエアパワーは北極海を北大西洋や北太平洋のような交通路に変化させるわけではない。

これまでグリーンランドやアラスカが新しい重要性を持つことになることを指摘してきたが、ここで我々が理解しておかなければならないのは、その理由が北極海の「経済地理」ではなく、バルト海や日本海の「軍事地理」にあるということだ。我々は現在の戦争で、シベリアと中国に行くためにはアラスカを通ったり、ロシアに行くためにはアイスランドやムルマンスクを通らざるを得なくなったわけであるが、これは我々の船が、日本のシーパワーによってウラジオストクや中国の沿岸都市への寄港、そしてドイツのランドパワーによってバルト海へ侵入することが不可能になったからだ。その上、北側を通るルートは敵を避ける回り道にもなる。この北側ルートの存在や、飛行ルートは有益であること、そして（訳注：米国の弁護士で一九四〇年の大統領候補にもなった）ウェンデル・ウィルキー（Wendell Willkie）氏が重慶からシベリアとアラスカを通ってアメリカへ帰還したことは、枢軸国がヨーロッパやアジアの莫大な土地を征服していても、連合国側は空と海のルートを使って地球を一周することが可能であることを鮮やかに証明した。ところがたった一機の飛行機の移動が航空路を形成するわけではないし、一日に多くの飛行機が飛んでも、戦略物資の大部分を動かせるわけではない。

北極海を越えるためにアメリカが活用できるエアパワーには限度があるし、我々の同盟国に対してヤクーツクやディクソンポイントを通過して空輸される支援物資の量もほんのわずかなものに限られてしまう。

また、平時に北極を越える交通量もそれほど大きく増加することはないはずだ。もちろんごく限られた特別な旅客サービスは実現するかも知れないが、アメリカの農産物や工業製品は、引き続き海の大圏ルートを通じてアジアやヨーロッパに運ばれることになる。

これらのことによってハッキリしているのは、アメリカが旧世界へのアクセスを維持していくためには、今後も大西洋と太平洋を通じたシーパワーによる交易に依存していかなければならない、ということだ。このアクセスの有効性が、アメリカの対外政策の性質を決定することになるのだ。大西洋の交通路では、アメリカの物理的なポジションが弱ければ、大陸からの脅威に対抗するためのイギリスへの支援や、外部から大陸へ及ぼされる脅威に対抗するために支援する義務を受け入れるだけでは物足りない。よって、イギリスとアメリカの密接な協力が絶対に必要になってくる。基地としてのイギリス諸島や、大陸に対する行動、もしくは協力した行動の有用性は歴史によって十分に証明されており、これらはアメリカが世界の安全保障を確立するためには欠かすことができないものなのだ。

この考えに従えば、ユーラシア大陸に対する位置的な関係からいえば、アメリカはイギリスと同じポジションにあることになる。両国ともランドパワーを活用できる基地を持つ大陸の同盟国を通じてしか軍事力を行使できないのだ。戦後のフランスのポジションは、ヨーロッパの安全を独自に管理することができるくらい強くなるはずだ。その一方で、ロシアは大陸最強のランドパワーとなり、英米両国にとって有利な同盟相手となるだろう。ロシアがヨーロッパのリムランドで覇権を追求するのを諦めている限り、ソ連は平和を築くための最も有益な大陸の基盤となるのだ。ところが統一されたリムランドの安全保障を確保するには、ソ連の国力だけでは不十分だ。したがって、実質的にヨーロッパの状況を安定させることができるのは三つの超大国が力を合わせた場合だけである。ところがアメリカも力を発揮する地域に近づくためには「大西洋上の基地を獲得するべきかどうか」という選択に直面することになる。イギリス・ロシアと単なる同盟関係を結ぶだけでは世界の安全保障システムを維持するのは不十分であり、またアメリカがこの三カ国間のパワーの均衡を実現するために十分な力を得ることはできない。グリーンランド、アイスランド、そしてダカールでシーパワーとエアパワーを確立することは、アメリカが和平交渉で引き続き影響力を確保するためにはぜひとも必要なのだ。これはアメリカがバハマや南アメリカに拡大した時と同じやり方、つまり外国の主権を移譲することなく基地建設のために土地を租借するというやり方で行われなければならない。これは帝国主義的な拡大ではなく、ある特定の戦略地域でバランシングできるパワーを確保するために必要なことなのだ。もし新世界の偉大な国であるアメリカが旧世界で影響力を発揮するポジションを獲得できると、それはアメリカだけではなく、ヨーロッパの国々の安全保障のためにもなる。

アメリカがユーラシア大陸の沖合でそのようなポジションを得ることができれば、それは必然的にイギリス内部から反発を受けることにもなる。なぜならそれは、旧世界への海のアクセスの支配の独占という、イギリスの貴重な立場を侵すことになるからだ。それと同時に、これはイギリスが平和構築の際に我々の政治的なコミットメントを受けることも意味することになる。このため、イギリスは我々の西半球の外に基地を獲得しようとする動きを歓迎する可能性が高い。しかし同時に我々はイギリスのシーパワーの支配下にある地域の外ではヨーロッパ大陸へのアクセスを確保するのが困難であることを実感することになるかも知れない。よって、我々はヨーロッパ地域であからさまに自分たちのパワーを実践することをためらうような状況に直面することになり、戦後の安全保障構造の中でイギリスのパワーが最も致命的な重要性を持つことを常に気づかされるようになるはずだ。したがって、イギリスとロシアを「ヨーロッパの安全保障システムへの自由で独立した参加者」というよりも「アメリカの同盟国」としてとらえるほうが好ましい。

太平洋の交通路上では、ヨーロッパで求められているアメリカの義務と方法が驚くほど似ているにもかかわらず、その状況は大きく異なっている。アジアでは過去においてバランスオブパワーに対する脅威は、ユーラシア本土沿岸部の海のアクセスを支配できるポジションにある国々から及ぼされてきた。この戦争で負ければ、日本のアジア本土への海からのアクセスは断たれることになり、中国はこの地域の最大かつ最強の国家として残るはずだ。フィリピン、ジャワ、ビルマなどの独立は、西洋国家がこの地域で確固としたパワーを築くことができるかどうかにかかってくる。よって、イギリス、ロシア、アメリカの国力は、この地域の軍事力の均衡を維持するために温存させておかなければならない。ロシアと大英帝国はすでにこの地域では確固たる存在だが、アメリカはいままで実質的なパワーの基礎となるものを持ったことがなかった。もし我々が東洋の安全保障と自分たちの安全を同時に維持したいと考えているならば、我々は大西洋の場合と同じように、太平洋においても軍港や空軍基地を確保しなければならない。アラスカや委任統治領の島々、そしてフィリピンでの軍事力の再建は、さしあたって必要最低限のものであろう。

アメリカの対外政策

地政学的な分析から考えると、アメリカは地理的に包囲されているように見える。また、パワー資源の分布状況から見ると、旧世界では新世界よりも軍事力が行使される可能性が高い。たしかにこのような地理的な条件は、テクノロジーの発展や人々の心理面での受け取り方の違いなどによってある程度は修正されるべきなのかも知れない。百年後のアメリカの安全保障問題の地政学的な分析は、現在のものよりも確実に変化しているはずだ。しかし現在の状況から明らかなのは、この国の安全と独立を守るために必要なのは、ユーラシア大陸にある国家がヨーロッパとアジアで圧倒的かつ支配的な立場を獲得するのを不可能にするような対外政策の継続だ、ということだ。

アメリカは、平時・戦時を問わず、ヨーロッパとアジアでのパワーの状況が自分たちにとって重要であることを、再び、そして今後も、常に認識していかなければならない。アメリカがまだ建国したばかりの新興国家であった時代、我々は世界の中での自分たちの位置づけというものに敏感だった。たしかにアメリカの初期の指導者たちは、我々がヨーロッパのくだらない内紛に巻き込まれるのを心配しており、世界で平和に過ごすことを主に目指していたのだが、それでも彼らは国際社会の中でアメリカが重要なポジションを確保し、そのためには自分たちの力と資源を使ってやりとげなければならないことを素直に認めていた。彼らはヨーロッパの国々の行動が自分たちに深刻な影響を簡単に及ぼすようになることや、自分たちの独立を主張し、自分たちの国益をハッキリと守るという点については見誤っていない。

我々は大陸規模の大きさを誇る大国になってからこのような自覚を失い、世界的な視野ではなく、奇妙な地元主義の偏屈な考え方を発展させてしまった。我々は視点を内向きにしてしまい、国内の未踏の大地を発展させることや、「勇敢な新世界」（brave new world）を建設すること、そして地域の違いを越えて国家統一を維持する作業などに没頭してしまったのだ。第一次世界大戦中のように、我々は今、自分たちの独善を自覚したり国際世界の不快な現実を突きつけられたりしている。我々はヨーロッパやアジアのバランスを回復するため、連合国側に対して素早く支援を始めて自分たちの安全を再建しようとしたのだ。ところがそれでも我々は自分たちが戦ってきたことの本当の意味を理解できているとは言いがたい。我々は「自分たちの安全を守るためにはヨーロッパとアジアの政治に積極的に協力しなければならない」という事実をほぼ完全に無視していたのだ。我々はこの素晴らしいチャンスを、ウッドロウ・ウィルソン（Woodrow Wilson）元大統領によって与えられたのに、国際連盟（the League of Nations）を拒絶してしまっている。たしかにヴェルサイユ条約を元にしたこの連盟はお世辞にも完璧とは言えないものだったが、それでも造詣の深いアイディアや、我々がもう一度見直すべき政治構想を具現化していた。なぜなら国際連盟はヨーロッパとアジアで行われているパワー闘争へ参加するために必要な、道徳面や法定面での基礎を提供していたからだ（**地図51**）。

もしかすると我々は現在アメリカの多くの著者たちによって予測されているような世界秩序を、将来本当に実現できるかもしれない。つまり世界政府のような組織を組織し、各国の独立主権を撤廃できるのかも知れないのだ。ところがそれが実現しても我々が覚えておかなければならないのは、政治につきものの「パワー」という要素は絶対に消滅することはない、ということだ。世界政府の実現の瞬間が訪れるまで、我々は国際社会というものを、同盟関係のような形でまとまっている独立国家の有志的なまとまりや、おそらく国際連盟と同じような形の組織としてとらえるような視点から見続けなければならない。その証拠に、このような形のものは一九四三年十月にアメリカ、イギリス、ソ連、そして中国政府の間で交わされた、モスクワ会議の共同宣言でもとりあげられている。ここで明らかになりつつあるのは、世界中の国家によって形成される共同体の生命、財産、そして幸福の追求を保証するような超国家政府のようなものは存在しえない、ということだ。なぜなら偉大な国家が自国のパワーの考慮を失敗すると、結果的に国家の破滅と他国からの占領を招いてしまうからだ。この事実を知っている我々は、今後も自らの国力に頼っていかざるを得ない。今まで存在した全ての帝国は、常につかの間の休息を求める不用心さにそそのかされて没落していったのであり、歴史はこれを実証している。ところが我々はそれと同時に、パワーの拡大や、

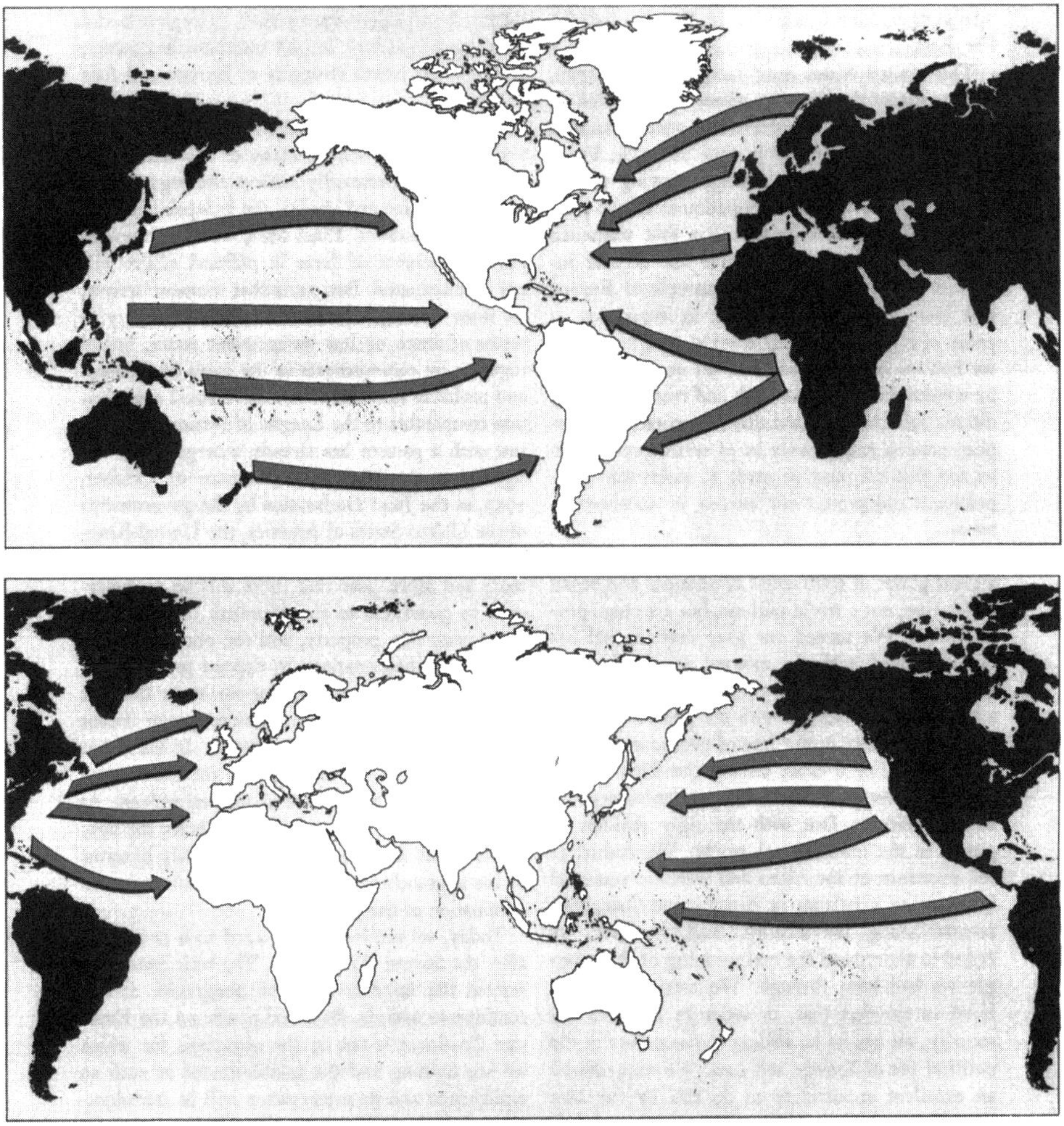

地図51 未来の西半球の様子？
(→原著の原色地図は *28*・*29* 頁参照)

最終的な世界支配しか考えていない枢軸国のリーダーたちの不快な教義を、断固として拒否していかなければならないのだ。

現在、我々は第二次世界大戦後の新しい平和を待ち望んでいる。しかし地理的な要素が引き続き作用するために、世界政治の基本的な問題点は戦後も相変わらずそのまま残るはずだ。我々が戦っている目的の一つはユーラシア大陸のパワーの均衡にあり、我々が勝った後の目的も、そのような均衡状態の達成と維持にある。したがって、アメリカの国益はリムランド統一への動きを阻止する国家たちと、引き続き協力関係を維持していくことにある。アメリカ以外の二つの大国であるロシアとイギリスにしてみても、ヨーロッパやアジアに覇権国が台頭してくると自国の安全が脅かされることになる。つまり米・英・露の三ヵ国は、安全保障の枠組みの基礎を提供することができるのだ。そもそもこの三ヵ国はそれぞれ単独で行動できる力は持っておらず、しかも地理的には世界から孤立しているため、互いに協力することが自分たちにとって最高の利益となるのだ。

【解説】米国の世界戦略とスパイクマンの理論

――訳者あとがきと解説――

本書は、一九四四年（昭和十九年）にアメリカで出版されたニコラス・スパイクマンの *The Geography of the Peace* の全訳版である。

日本では「スパイクマン」として知られているが、実は英語圏では「スピークマン」と呼ばれているので、英語で発音する場合には充分注意していただきたい。スパイクマンの著作は日本では、博士号論文を元にした社会科学の理論書『ジムメルの社会学論』[*1]が戦前に出版されているだけで、ほとんどの方には全くなじみのない学者であり、本格的な翻訳書としてもこれが本邦初である。

そこで、彼の経歴や思想、本書で提示されている「リムランド理論」、そしてこれらの現代的な意義などについても簡単に解説しておきたい。

スパイクマンの経歴とリベラルな思想

ニコラス・ジョン・スパイクマン（Nicholas John Spykman）は、一八九三年一〇月一三日にオランダのアムステルダムで生まれた。一九一三年から、ジャーナリストとして中東で三年間、そして極東で一年ほど過ごした後にアメリカに移住し、カリフォルニア大学で学士から博士号までをたった三年間（！）で修了。その後は母校で三年間ほど政治学と社会学を教え、一九二五年からは東部の名門であるイエール大学に移って教えている。一九二八年には正教授となってアメリカの市民権を獲得し、一九三五年からは同大学の国際学部（the Department of International Studies）の学科主任と国際研究所（the Yale Institute）の所長を五年間兼任しているが、一九四二年頃から激務による過労によって体調を崩し、第二次世界大戦の終結を見届けることなく、一九四三年六月二六日に四九歳という若さでガンによって亡くなっている。

カリフォルニア大学時代のスパイクマンはどちらかといえばリベラルな思想の持ち主であり、たとえば前述した自身の博士号論文を元にした処女作では、社会分析のためには普遍的な「社会科学の理論」を導きだして適用することが必要であることを説いており、後の冷酷なリアリスト的な思想は微塵も感じられない。

この処女作のなかで、スパイクマンは観念的で絶対的な価値観の存在を主張し、「個人の自由」から「個人の解放」へとつなげていくべきであることを宣言している。この「自由」を得るためには人間は「社会の力」（social force）をコントロールする必要があり、それには社会構造を支配するための「社会エンジニアリングの手法」（social engineering technique）を使わなければならないとしている。つまり社会科学の理論というのは、いつでもどこでも時間と場所を越えて適用できる普遍的なものでなければならず、スパイクマンは論文の題材に使った形式社会学の祖であるドイツの社会学者ゲオルグ・ジンメル（Georg Simmel: 1858-1918）の考え方が、この理論を考える際の一つのモデルとなると主張している。

したがって、この頃のスパイクマンは極めて理想的で科学的、そしてリベラル的な思想を持っていた。ところがスパイクマンはこのような理論のモデルの発展は行っておらず、もっぱら一つの「社会の力」、つまり「地理が国際政治に与える影響」というものに注目することによって解明しようとしている。この点では後にハンス・モーゲンソー（Hans J. Morgenthau）が「国際社会の分析には理論の構築が必要だ」

としながらも、自身ではその理論を発展させていなかったことと状況が似ている。

スパイクマンの思想の底にはこのような科学的かつリベラル的な部分があったのだが、その後の著作にもこの影響が残っており、意外かもしれないが本書もその例外ではない。たとえばスパイクマンは生涯でたった三冊の著作（しかも最後の著作となる本書は没後に編纂されたもの）、そして論文をいくつか書いているだけなのだが、それらのいずれもが「科学理論」を元にしてリベラルな「人間の解放」につなげようとする姿勢の感じられるものである。[*2]

ところが、その理想を追求する手段は決してリベラルとはいえず、むしろマキャベリ的な冷酷さを感じさせるものだ。たとえば、本書を一読すればわかるように、スパイクマンは徹底した「リアリスト」(realist) であり、国際関係を「地理」と「パワーの関係」という観点から見極め、そこから体系的に未来を予測するという手法を使っている。したがって、生前にも冷酷な「パワーポリティクス」の主唱者として批判されることが多かったが、本人はそれが全くの誤解であると反論しており、その証拠にパワーだけが国際政治を動かす要素ではないことをことあるごとに主張している。

たとえば、スパイクマンは国家のもつ「パワー」には、軍事力以外にも国土の規模や国境の性質、天然資源の存在、経済力や金融力、技術、民族構成、社会の統一性、それに政治の安定度や国民の士気なども挙げており、単純な「パワーポリティクス」の提唱者としては割り切れない考え方を示している。また、スパイクマンは地政学分析を使うことによって、各国がそれぞれ「戦争という手段に訴えかける行為を必要としない世界を築くことができる」としている。そのため何人かの批評家は、スパイクマンの論理を突き詰めていけば世界政府の創立につながるということを指摘しているのだが、スパイクマン自身はそこまで高い目標は実現不可能であると信じており、結局のところは「バランス・オブ・パワー」の維持こそが平和の維持につながるという考え方を繰り返し強調している。

リベラルにつながる点で言えば、スパイクマンが国連のような「集団安全保障」(collective security)という戦略を提案したことも重要だ。ただし彼が想定していたのは国連軍のようなものではなく、むしろ地域ベースの「集団安全保障体制」であり、たとえばヨーロッパにおけるNATOのように、一つの地域で一つの主要国がリードして軍事力の責任を持つものだった。ただしこれにもバランス・オブ・パワーの考慮が必要であるとしており、それぞれ三つの地域(ヨーロッパ、極東、西半球)で個別にバランスを実現させる必要があるとしている。

これについて一つのエピソードがある。ルーズヴェルト大統領のアドバイザーであり、カナダ出身の地理学者であったイザヤ・ボウマン(Isaiah Bowman)がスパイクマンと何度も手紙を交換していたことからもわかる通り、このような「地域ベースの安全保障体制」というのは、戦時中にアメリカ上層部、とくにルーズヴェルト大統領とその周辺でかなり真剣に検討されていたのだ。また実際に、ルーズヴェルトが一九四三年暮のテヘラン会談でスターリンに示した戦後世界の枠組みの提案は、驚くほどスパイクマンのものと似通ったものであることが判明している。[*3]

また、スパイクマンの地政学の考え方も特徴的だ。たしかに、スパイクマンは地政学の創始者である英国の地理学者ハルフォード・マッキンダー(Halford J. Mackinder)の「シーパワー対ランドパワー」などの基本概念を受け継いでおり、両者が想定している世界戦略の間にそれほど違いはないという意見も多い。[*4] ただし、後述する「リムランド論」や、マッキンダーがほとんど考慮しなかったエアパワーの重要性を意識している点は際立った違いを見せている。他にも、軍事戦略から国家戦略のアイディアをかなり流用しているところはマッキンダーと大きく違う点である。たとえば国家の領土拡大の仕方を説明した論文で、スパイクマンは軍隊が戦闘の際につかう「包囲」(encirclement)という概念を強調して、これが国家戦略の分析にも使えることを示している。[*5] また本書を除くすべての地政学に関する論文などでは、むしろ「国家レベル」での分析が中心で、マッキンダーのような「全世界の地政学を考える」という性格は少なく、その理論はきわめて「国家戦略的」な性格を持っていたといえよう。

また、マッキンダーと違ってスパイクマンは南北アメリカ、つまり「西半球」を示す「新世界」(New World)と「旧世界」(Old World)という地理概念を対比させており、第二次世界大戦でユーラシアの「旧世界」の枢軸国に負けると、アメリカ大陸の「新世界」は囲い込まれてしまうという恐怖から、逆に「旧世界の軍事と政治に積極的に介入せよ!」と提案しているのだ。つまりここでは思想の対立点として「孤立主義 対 介入主義」(isolationism vs. interventionism)という設定があり、スパイクマンは明らかに後者の立場を支持している。また「封じ込め」の場合と同様に、その「介入主義」の考えの中にも「恐怖の対象を押さえ込むために逆に攻めていく」という受動的な面から攻撃的に動かなければならないとする思想を見てとることができる。

のちに説明するが、これは戦中・戦後にアメリカ政府の上層部が持っていた思想と極めて似通っている。たしかに第二次世界大戦終了直前には、アメリカでも一般的に地政学やスパイクマンの考え方が多くのメディアで話題になっており、[*6] とくにアメリカ国務省周辺にはスパイクマンと親交のあったボウマンやジョージ・ケナン(George F. Kennan)をはじめ、地政学の理論に精通している人物も多かった。[*7] そういう意味で、これが冷戦期の「封じ込め政策」につながったことは否定できない事実である。

いずれにせよ、その分析と手段は冷酷だが、スパイクマン自身の中では「世界平和」という目的を目指すという点では矛盾がないことになる。このような意味で、スパイクマンの目指す「目的」と、それに至るまでの「手段」を混同してはならないことは、フレドリック・ダン（Frederick Dunn）が書いた本書の序文でも指摘されている。

本書の内容

一読すればわかるように、本書は極めてコンパクトであるにもかかわらず、内容はかなり濃い。前著の『世界政治の中のアメリカの戦略』（America's Strategy in World Politics）が五〇〇頁近くあることを考えると、この差は歴然としている。

その理由は簡単だ。本書は、彼の死後に残された講義用のノートやスライド、それに他の知識人たちとの手紙のやりとりの内容などを元にしてつくられたからだ。言い換えれば、我々がビジネスなどで使う「パワー・ポイント」のスライドをそのまま一冊の本にまとめたようなものであり、とにかく要点だけに集中して徹底的にムダをはぶいた作りになっているのだ。では順を追って本書の内容をみてみよう。

まず第一章では、彼の基本的なスタンスが示されている。国際情勢を正しく理解するには「パワー」という観点や地理的な状況を見ることが重要であり、これは「地政学」の分析法によって可能になるとしている。

第二章では、地政学の分析に必要とされる最も適切な「地図」はどれなのかが示される。もちろん地球儀を使って三次元的に見るのが一番だと言っているのだが、二次元的な平面図によって地政学分析を行うには「ミラーの円筒図法」による地図が最適であると結論づけている。スパイクマンはそれほど意識をしていないが、この章は現代の地政学研究の主流をなす「批判地政学」などでよく分析される地図と政治権力との密接な関連性を示しており、非常に興味深いものとなっている。[*8]

第三章では、地政学で使われる地図を元に、国家のロケーションの重要性が強調される。ここでスパイクマンは具体的な地理、それに農業や資源などにも言及し、世界の中の位置関係から考えるとアメリカは旧世界に包囲されていることが主張されている。

第四章では、いよいよ古典地政学の理論、とくにマッキンダーのものが中心に説明され、地政学では世界が三つの区域（ハートランド、リムランド、沖合の陸地）に分けられることを説明している。もちろんその中でもハートランド（大陸の中心部）が重要であることを主張したのはマッキンダーだが、スパイクマンは、それよりも人口が多く、農業・工業が活発に行われている（つまりパワーの潜在力がある）リムランド（沿岸地方）こそが世界情勢を分析する上で重要であると説いている。

第五章では、第二次世界大戦ではなく、第三次世界大戦をいかに防いで平和を達成するのか、という具体的な議論へと入っていく。まずは陸海空の戦闘部隊の完全な協調を行う、いわゆる「統合作戦」（joint operation）の重要性が論じられ、次にユーラシア大陸沿岸部のリムランドが今後も大規模紛争の発生する場所であることが指摘され、それを防ぐためにはアメリカがユーラシアへ効率よくアクセスできるようにしておき、地域のバランス・オブ・パワーを維持できるようにしておかなければならない、としている。そして最後に、英・米・露の三ヵ国の主導によって世界平和のための枠組みを構築させなければならないとして締めくくっている。

本書の最大の特徴は、なんといってもスパイクマンが第二次世界大戦中から戦後の世界情勢の予測を極めて優れた精度で行っていたことだ。たしかに「戦後は多極世界に後戻りする」、「米英露の三大超大国が出現する」、「この三大超大国は戦後に危機に陥るために協力せざるを得ない状況になる」などの予測は完全に外れているが、それでも国連主導の世界政府ではなく、相変わらず主権国家が存在しつづけることや

（当時は国連が世界を支配し、主権国家がなくなるという理想論が評論家の間でも多かった）、ロシアが脅威になること、ロシアと中国が国境争いを起こすこと、インド・中国がそれぞれの地域で支配的な国家になること、そしてリムランド内部で紛争が起こることなどを正しく予測できている。その後のアメリカのイデオロギー的な分析とは違って、スパイクマンが（たしかに荒削りではあるが）地理を中心にすえた「国際関係の理論」を元に冷静に予測を的中させていることは、やはり特筆に価するといえよう。

また、スパイクマンが戦時中の時点で「戦後にはアメリカとイギリスは一致団結して協力していかなければならない」ということを主張しているのは注目だ。たしかにその後はイギリスを通じてヨーロッパの政治に介入していくことは当然のこととなったのだが、戦時中はまだアメリカの孤立主義的な感覚が残っており、とくにヨーロッパ大陸に戦後も引き続きコミットし続けていくことに関しては国民や知識人の間に抵抗感が残っていた。その証拠に、前著の『世界政治の中のアメリカの戦略』でもヨーロッパ大陸の政治、とくに安全保障問題に介入することを主張したスパイクマンは、ある評者から痛烈な批判を受けている。[*9]

日本に関することで注目すべきことは、なんと言ってもスパイクマンが戦時中に同盟国であった中国（国民党）ではなく、アメリカは戦後に日本（とドイツ）と組まなければならないと発言していることだ。これにはその伏線として、スパイクマンが「アメリカは将来、日本とドイツと組まなければならない」と発言した「事件」があった。この発言は一九四一年一二月三一日の大晦日のアメリカ地理学会で、彼自身の最後の論文となった「フロンティア、安全保障、国際組織」[*10]を発表したあとの質疑応答の時間に行われたのだが、ここに参加していたある人物は「この発言は大問題となり、スパイクマンと彼の意見に反対する学者たちの間でほぼケンカ寸前の激しい怒鳴り合いの議論の応酬が行われた」と報告している。[*11]

この発言が日本の真珠湾攻撃が行われてまだ一ヶ月もたっていないうちに行われたものであることを考えると、まさに驚くべき先見性であるといってよい。スパイクマンは一九四二年に出版された前著だけでなく、その二年後に発売された本書の中でも戦後にはアメリカの味方が中国から日本に劇的に代わることを示唆しているのだが、彼がこの主張を日本とアメリカが戦争に突入する前後から行っていたことは何度強調してもし足りないほどだ。

本書の名前を知らしめることになったスパイクマンの「リムランド論」についても少し説明しておく必要がある。まず重要なのは、このリムランドには中国、インド、西ヨーロッパ諸国などが含まれるのだが、アメリカ、日本、イギリス、ロシアは含まれていない、という事実だ。そしてスパイクマンは第四章で、

リムランドを支配するものがユーラシアを制し、
ユーラシアを支配するものが世界の運命を制する。

と述べているのだが、これは「リムランド論」の核心を述べている。これに対してマッキンダーの「ハートランド論」は、

東欧を支配するものがハートランドを支配し、
ハートランドを支配するものが世界本島を制し、
世界本島を支配するものが世界を制する。

というものなのだが、スパイクマンはこれを入れ替えて「リムランドを支配するものが……」にしたのだ。ただしマッキンダーは「東欧を支配するものが……世界を制する」と主張しているのに対し、スパイクマンのほうはあくまでも「世界の運命を制す」というのであり、ユーラシアより内側（もしくは外側）の国がリムランドを支配しても、それが自動的に世界支配につながるというわけではない、という冷静な認識も示している。

本書でも指摘されているように、スパイクマンはリムランドが大陸内部のハートランドと周辺の海の間にある「バッファーゾーン」（緩衝地帯）であると考えている。これはちょうど第一次世界大戦初期のベルギーの立場を考えればわかりやすい。

第一次世界大戦ではドイツがシュリーフェンプランにしたがって、開戦直後からフランス侵攻を狙って西に軍隊を進めたのだが、その際には右手と左手にわかれてパリを前後二方向から挟み撃ちにするつもりだった。ドイツは右側に配置した主力の第一軍から第四軍までを中立国であったベルギーを通過させてパリの後ろ側に大きく旋回させるつもりだったが、ベルギーを通過してもイギリスは参戦してこないだろうとタカをくくっていた。ところが、実際はベルギーという「リムランドのバッファーゾーン」をハートランド寄りの大陸国家であるドイツに侵入されたイギリスは、とうとう参戦を決意したのだ。[*12] 第二次大戦後の似たような例を考えてみても、朝鮮戦争やベトナム戦争、それにソ連のアフガニスタン介入などを挙げることができる。

このように、スパイクマンはユーラシア内部よりも、むしろ沿岸部であるリムランドにトラブルが起こりやすいと主張しているのだが、この点に関してはマッキンダーも意見が一致しており、そういう意味では二人の議論の間にはあまり違いがないように見える。

これをわかりやすい例でたとえてみれば、スパイクマンは穴の開いたドーナツをユーラシア大陸であると想定しているのに対し、マッキンダーは中にクリームが入っている穴の開いていないドーナツをユーラシア大陸だと想定していると言える。両者の間には、どこにドーナツの「身」があるのかについて意見は違う（外側vs中身）が、外からドーナツを見ているという視点は一緒であり、まず最初に問題が起こるのはドーナツの周縁部であるという点でも同じだ。たしかに実際の例から考えてみても、冷戦の終結で第三次世界大戦の危機が去ったとはいえ、この二人が予測していたように世界を揺るがす危機はこの大陸周縁地域で多く発生し続けている。

また、リムランドのアイディアは発展をとげながら、その後も様々な地政学的アイディアにつながっている。ケナンの「封じ込め」はもちろんこと、たとえばブレジンスキーが名づけたとされる「危機の弧」(Arc of Crisis) や「ユーラシア・バルカンと不安定地帯」(Eurasia Balkan & Zone of Instability)、地理学者サウル・コーヘン (Saul B. Cohen) の「シャッター・ベルト」(Shatter Belt)、そして近年のアメリカの戦略文書で出てきた「不安定の弧」(Arc of Instability) というアイディアなどは、すべてリムランド理論と近い性格を持っている。[*13]

余談だが、日本の元首相である麻生太郎氏は、小泉政権の外相時代に「自由と繁栄の弧」という極めて地政学的なアイディアを明らかにしているが、これもマッキンダーのハートランド論というよりは、むしろスパイクマンのリムランド論を裏返しにしたものであると考えたほうがスッキリする。[*14] つまり、紛争の起こりやすいリムランドに安定した民主制国家を根付かせて、経済的に繁栄させる手助けをすることにより、世界平和に貢献しようということなのだ。

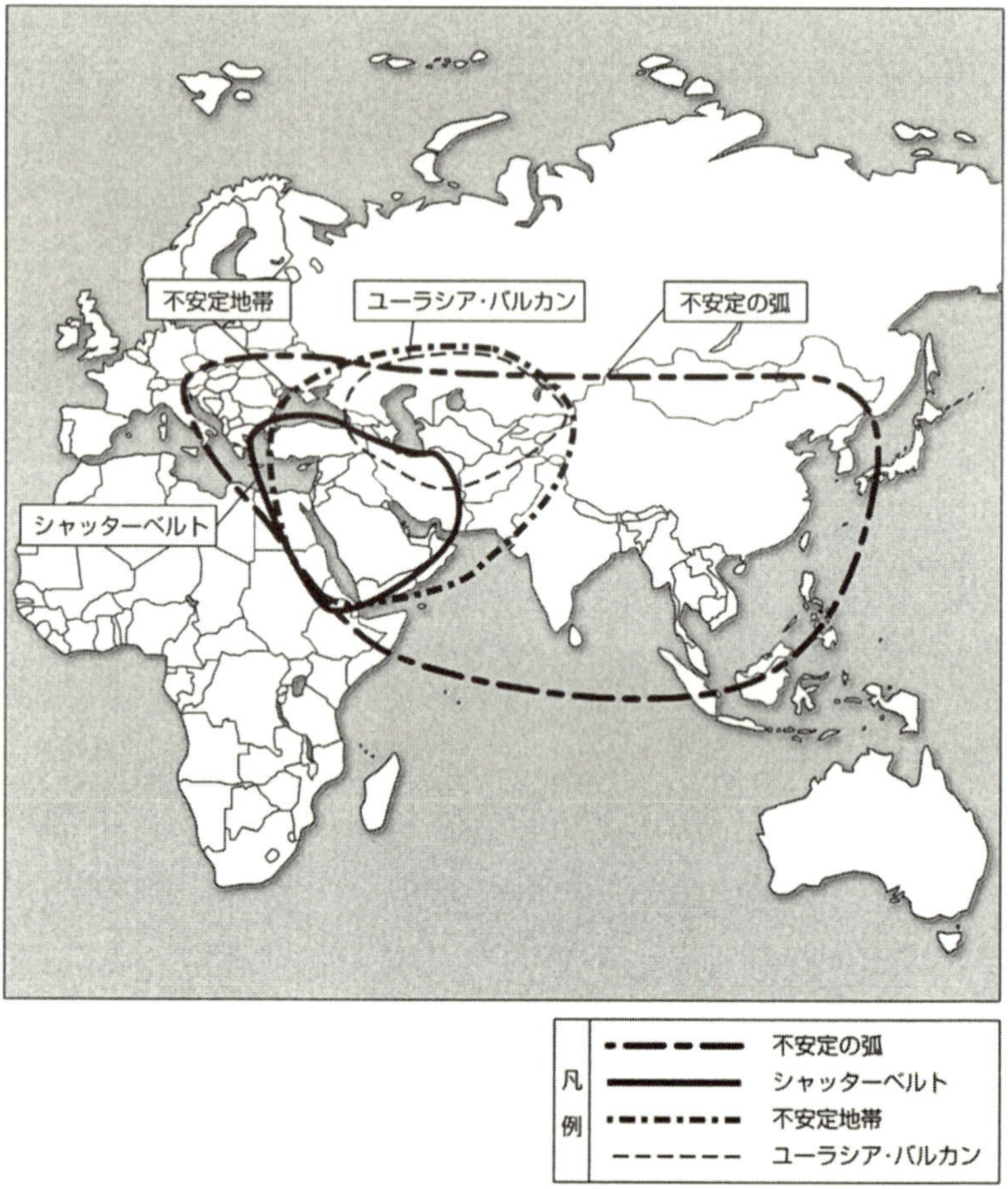
不安定地帯
ユーラシア・バルカン
不安定の弧
シャッターベルト
凡例
不安定の弧
シャッターベルト
不安定地帯
ユーラシア・バルカン

現代の世界情勢を見るために

本書は今から六〇年以上前に書かれた「古典」であるが、それでも現在の国際情勢、特にアメリカの大戦略を見る上では必要不可欠なヒントを我々に与えてくれている。以下では、この古い本がなぜ現代の我々にも重要な意味を持つのかについて、主に三つのポイントに絞って説明する。

第一は、本書はアメリカが冷戦時代に採用していた「封じ込め」(containment)という政策を解き明かす上で欠かせないものであるという点だ。「封じ込め」といえば、なんといっても国務省政策企画室室長となったジョージ・ケナンが一九四七年にフォーリン・アフェアーズ誌上で発表した論文[*15]で有名になったものだが、それ以降もアメリカ上層部のタカ派の主導によって統一された対外(対ソ連)政策として機能してきた。スパイクマンは、「(アメリカの)安全と独立を守るために必要なのは、ユーラシア大陸にある国家がヨーロッパとアジアで圧倒的かつ支配的な立場を獲得するのを不可能にする対外政策の継続だ」と本書の中で述べているのだが、これは冷戦中だけでなく、冷戦後、そして九・一一事件後も続けられていることは明らかだ。すでに述べたように、ケナンをはじめとする対外政策エリートたちの間ではスパイクマンのアイディアが広く知られていたのであり、意識するしないにかかわらず、すでに現代のアメリカの対外政策を考える際の「前提」として染み付いている思想であるといってよいだろう。

第二に、本書はアメリカのリアリズムという学派の基礎を作ったという意味で重要だ。たとえばリアリズムの泰斗であるハンス・モーゲンソーは、主著『国際政治』(Politics among Nations)の中で本書を始めとする「地政学」を「エセ科学である」として痛烈に批判しているのだが、自身がスパイクマンのように「ポリティカル・リアリズム」(Political Realism)を基礎において国際政治を社会学的に分析することを提唱したり、「バランス・オブ・パワー」、そして世界政府の存在しない状態を示す、いわゆる「アナーキー」(anarchy) という概念などを提示している。[*16] また、スパイクマンの同僚にはアメリカのリアリズムに強い影響を与えたアーノルド・ウォルファーズ (Arnold Wolfers) がおり、[*17] その他にも「超大国」という言葉を有名にさせ、ネオリアリズムの祖であるケネス・ウォルツ (Kenneth N. Waltz) の先生でもあるウィリアム・フォックス (William T. R. Fox) などもスパイクマンと交流があった。ウォルツ自身は地理の要素を全く考慮に入れていないが、「バランス・オブ・パワー」を社会科学の理論として極限まで高めており、スパイクマンの創始したアメリカのリアリズムの系譜につながっているといえる。
また、近年ではシカゴ大学教授のジョン・ミアシャイマー (John J. Mearsheimer) が自らの「オフェンシブ・リアリズム」という理論を提唱する際に、「元祖オフェンシブ・リアリスト」の一員としてスパイクマンの名前を挙げている。[*18] 実際のところ、スパイクマンとミアシャイマーの理論や予測などは驚くほど似ている部分があり、「パワー」、「アナーキー」、「多極化する世界」、「地理」、「地域のバランス・オブ・パワー」、「拡大する大国」などを強調していることはそっくりで、ミアシャイマーはスパイクマンのアイディアをかなり参考にしていると思われる。したがって、スパイクマンの思想的な流れは現代のアメリカのリアリストの理論の中に確実に受け継がれていると言ってよい。

第三に、本書はアメリカ自身が持っている地政学の世界像(イメージ)を教えてくれる。たとえば我々日本人は、世界というのは七つの海と三つの大陸で成り立っていると学校で教わる。ところが「地政学的に」世界の状況を考えるアメリカ(とイギリス)の戦略家たちは、このようなイメージを持っていない。なぜなら彼らは世界を「たった一つの大きな陸地と、それを取り囲んでいる海から成り立っている」と考えているからだ。スパイクマンや地政学の祖であるマッキンダーも、「ハートランド」と「リムランド」のように注目すべき場所はそれぞれ違うが、「ユーラシアの勢力均衡がくずれると米英の安全保障にとって脅威になる」と考えている点では全く一致しており、その世界観（weltanschauung）では、それぞれスケールは異なるが、それでも自分たちをユーラシア大陸の外側の海にある島国であると見ている点では一致している。本書の中のスパイクマンの「ユーラシア大陸に対する位置的な関係からいえば、アメリカはイギリスと同じポジションにある」という発言は、まさにこれを裏付けるものといってよい。*19

これからわかるのは、国家が考える「地理」というものには、山や海や川のように、物理的・客観的に存在する「ノンフィクションの地理」の他に、現実の地理を元に人間の余計な想像力が加わった、いわば「半分フィクションの地理」というものが存在するのであり、しかもそれが地政学的な議論に応用されて国家の対外政策を突き動かすほど強力なパワーを持つ、ということだ。この場合のアメリカの戦略家たちの「半分のフィクション」とは「アメリカ＝イギリス」という考え方であり、自分たちは島国家（シーパワー）だ、という認識である。

それに関連してもう一つ重要なのが、スパイクマンの言う「多極化する世界」というイメージであろう。すでに述べたように、スパイクマンは米ソという二つの超大国による冷戦時代の到来を予測できず、第二次大戦後はまた以前のような多極時代に戻るということを主張していた。たしかに出版してから四十数年間は米ソ冷戦によってスパイクマンの予想は外れていたように見えるし、核兵器やその運搬手段（ミサイル）の登場やＩＴ関連の情報技術の主導によって進む軍事における革命（ＲＭＡ）などによって状況も大きく変化している。しかしアメリカの国力が衰退しつつ見える現在の状況から考えると、本書はスパイクマンが書いた当時よりも、冷戦後、そして九・一一事件後のアメリカと多極化する世界の安全保障や戦略的状況を考える上で様々な示唆を与えてくれるものであり、第二次世界大戦中に書かれた古典でありながらも、むしろ現代の我々に役立つものだ。

訳文・訳語について

本書の翻訳作業は二〇〇七年一二月のほぼ一ヶ月間で行われた。かなり前の本なので、やや文体の古さが気になるところはあったが、概して平易な英文で書かれており、意味が通じない箇所は皆無であった。ただし読む際に注意していただきたいのは、やはり本書が六十年前の第二次世界大戦中に書かれたものであるということだ。スパイクマンの予測があまりにも正確であるために、読んでいる我々はこれがそんなに前に書かれたことを忘れてしまいがちだが、戦略的かつ現実主義的な思想を必要としていたこの当時の特殊な時代背景（コンテクスト）を思い浮かべながら読んでいただくと、さらに深く理解できるはずだ。

また、言葉の面で注意していただきたいのは、文中に頻繁に出てくる「パワー」(power) という用語である。前述のように、これは「権力」や「影響力」、それに「軍事力」や「(経済力などを含む) 潜在力」という意味でも使われている。もちろん文脈からそれぞれ適度な日本語を当てはめるべきだったのかも知れないが、ここではあえて「パワー」という言葉で統一している。読む際にはぜひその辺りを心がけていただければと思う。

本書は地政学、戦略学、そして国際関係論の分野における、極めて価値の高い古典である。そういった意味で私はこの翻訳作業に携われたことを誇りに思っているが、それと同時に訳者としての重い責任も感じている。訳文に関しても限られた短い時間の中で自分なりにベストを尽くしたつもりだが、意味や用語などの思わぬ誤りなどは避けられそうにない。読者諸氏の積極的な批判や御叱正を謙虚に承って、後日さらに本書をよりよいものにしたいと考えている。ご意見等は、芙蓉書房出版の編集部か、訳者の以下のEメールアドレス (masa.the.man@gmail.com) までご連絡いただければ幸いである。

謝辞

最後に、本書を翻訳する際にお世話になった数名の方々の名を記して謝辞としておきたい。コリン・グレイ（Colin S. Gray）教授や、地政学の理論の研究で名高いジェフリー・スローン（Geoffrey R. Sloan）博士、そして地政戦略の若き研究者であるデール・ウォルトン（C. Dale Walton）博士には、本書についていくつか貴重なアドバイスをいただいている。また、私事で恐縮だが、父の利雄には訳文のチェックなどの面で温かい支援をしてもらった。そして、私個人のブログにもたくさんの方々から本書のタイトル案について貴重な意見をいただいている。

本書の翻訳中の二〇〇七年十二月二十六日に、私が尊敬し、常日頃から大変お世話になっていた片岡鉄哉先生が急逝された。本書をご霊前に捧げると共に、謹んでご冥福をお祈りしたい。

そして最後に、芙蓉書房出版の平澤公裕社長には本書の翻訳出版という唐突な申し出をこころよく引き受けていただき、本当に頭が上がらない。なにぶん古い本であるために本書の価値はなかなか理解してもらえないところがあるのだが、これを意義のある仕事として素早い決断で翻訳の出版を決定していただいた。記してここに感謝したい。

註

＊1『ジムメルの社會學論』、寶文館、一九三二年。原題は Nicholas J. Spykman, *The Social Theory of Georg Simmel*, Chicago: University of Chicago Press, 1925.

＊2 スパイクマンの発表した論文の全ては以下の通り。

"The Social Back Ground of Asiatic Nationalism," *The American Journal of Sociology*, Vol.32, No.3, Nov., 1926, pp.396-412.

"Teaching of International Relations? Method and Topics," Proceedings of the Fourth Conference of Teachers of International

Law and Related Subjects, 1929, pp.38-43, p.52.

"Methods of Approach to the Study of International Relations," Proceedings of the Fifth Conference of Teachers of International Law and Related Subjects, 1933, pp.58-81, pp.101-102.

"States, Rights and the League," *Yale Review*, Vol.24, No.2, Dec., 1934, pp.274-93.

"Geography and Foreign Policy I," *American Political Science Review*, Vol.32, No.1, Feb., 1938) , pp.28-50.

"Geography and Foreign Policy II," *American Political Science Review*, Vol.32, No.2, Apr., 1938,pp. 213-216; with Abbie A. Rollins.

"Geography and Objective in Foreign Policy I," *American Political Science Review*, Vol.33, No.3, June, 1939, pp. 391-410.

"Geography and Objective in Foreign Policy II," *American Political Science Review*, Vol.33, No.4 , Aug., 1939, pp. 591-615.

"Frontiers, Security, and International Organization," *Geographical Review*, Vol. 32, No.3 , July, 1942, pp. 436-447.

そして雑誌の意見欄への投稿として Life Magazine, Jan.11, 1943, p.2.がある。まとまった著作は三冊あり、単著は上述した『ジムメルの社会学論』の他に、主著の *America's Strategy in World Politics: The United States and the Balance of Power* , NY: Harcourt, Brace, and Co., 1942. そして、死後に生前のアシスタントによって編纂されたのが本書の *The Geography of the Peace* , Helen R. Nicholl ed., NY: Harcourt, Brace, and Co., 1944 である。

＊3　ボウマンとスパイクマンが文通をしていたことについては Neil Smith, *The American Empire: Roosevelt's Geographer and the Prelude to Globalization* , Berkley, CA: University of California Press, 2003, p.288. を参照。また、テヘラン会談でのルーズヴェルトの提案とスパイクマンとのアイディアとの関連性については Robert Sherwood, *Roosevelt and Hopkins: An Intimate History* , NY: Enigma Books, 2004.を参照。

＊4　マッキンダーとスパイクマンのアイディアはほとんど変わらないとする主張の代表的なものとしては Stephen B. Jones, "Global Strategic Views," *Geographical Review* 45, no. 4(Oct., 1955), pp. 492-508.を参照。

＊5　Nicholas J. Spykman and Abbie A. Rollins, "Geography and Objective in Foreign Policy I," *American Political Science Review*, Vol.33, No.3, June, 1939, pp.391-410; "Geography and Objective in Foreign Policy II," *American Political Science Review*, Vol.33, No.4, Aug., 1939, pp.591-615. スパイクマンはこの他にも国家の拡大の仕方には「側面攻撃」(flanking) と「突破」(breakthrough) があるとしている。

＊6　一般メディアで地政学が頻繁にとりあげられていたことについては Neil Smith, *The American Empire*, p.274.を参照。

＊７　George F. Kennan, *American Diplomacy*, 1900-1950, Chicago: University of Chiago Press, 1970.［邦訳：ジョージ・F・ケナン『アメリカ外交50年』岩波書店、二〇〇〇年］では、とくに前半部分で地政学用語が頻繁に登場し、ケナン自身がある程度の地政学の理論の知識を持っていたことを示している。

＊８　地図と政治権力との関連について論じた興味深い文献としては、Jeremy Black, *Maps and Politics* ,London: Reaktion Books, 2001.［邦訳：ジェレミー・ブラック『地図の政治学』青土社、二〇〇一年］; John A. Pickles, *A History of Space: Cartographic Reason, Mapping and the Geo-Coded World* ,London: Routledge, 2003などがある。

＊９　ヨーロッパの政治に介入せよというスパイクマンの主張に首尾一貫性がないとして批判しているものとしてはClyde Eagleton, Review of "America's Strategy in World Politics," *Annals of the American Academy of Political and Social Science* 222 , July 1942, pp. 189-190.

＊１０　"Frontiers' Security, and International Organization," *Geographical Review*. この論文は一九四一年の一二月三一日にアメリカ政治学会の席で発表された。

＊１１　ジェフリー・スローンの解説によれば、この会合に参加していたジーン・ゴットマン（Jean Gottman）がこの騒然とした光景を目撃したことを証言。訳者が二〇〇八年二月五日にスローン博士に行ったインタビューによる。

＊１２　この経緯についてはバーバラ・タックマン（山室まりや訳）『八月の砲声』（上下巻、ちくま書房）二〇〇四年、などが詳しい。

＊１３　ブレジンスキーがカーター政権時代に有名にした「危機の弧」は、一九七九年一月十五日号のタイム（Time）誌の表紙を飾っている。また、ブレジンスキーはこれを後に「ユーラシア・バルカン」という名前に変えている。これについてはZbigniew Brzezinski, *The Grand Chessboard: American Primacy and Its Geostrategic Imperatives*, NY: Basic Books, 1998.［邦訳：Z・ブレジンスキー『地政学で世界を読む：21世紀のユーラシア覇権ゲーム』日本経済新聞社、二〇〇三年］；アメリカ国防省の「不安定の弧」は二〇〇一年度の米国防見直し（QDR; Quadrennial Defense Review）で出てきた概念だが、その作成には軍事における革命（ＲＭＡ）理論で有名なアンドリュー・マーシャル（Andrew Marshall）率いるチームが"ASIA 2025"というレポートを作成した際のブレーンストーミングで出てきたアイディアだとされている。ＱＤＲの二〇〇一年版はhttp://www.comw.org/qdr/qdr2001.pdfで参照。

＊１４　これをまとめたものとしては、麻生太郎『自由と繁栄の弧』、幻冬舎、二〇〇七年。

＊１５　George F. Kennan (as Mr. X), "The Sources of Soviet Conduct, " *Foreign Affairs*, July 1947.

＊１６ Hans J. Morgenthau, *Politics among Nations: The Struggle for Power and Peace* 7th eds., NY: McGraw-Hill, 2005.［邦訳：ハンス・モーゲンソー『国際政治：権力と平和』福村出版、一九九八年］ モーゲンソーとスパイクマンのアイディアが似通っていることについては Francis P. Sempa, *Geopolitics: From the Cold War to the 21st Century*, London: Transaction Publishers, 2002, p.75.を参照。

＊１７「パワー」という概念を前面に押し出したものとしては Arnold Wolfers, *Discord and Collaboration: Essay on International Politics*, Baltimore, MD: The Johns Hopkins Press, 1962. この著書の中で、ウォルファーズは当時のアメリカの国際関係の議論に「パワー」という理論を導入して有名にしたのはスパイクマンであると述べている（同書 p.85.)。ちなみにこのウォルファーズの本は元同僚であったスパイクマンに捧げられている。

＊１８ John J. Mearsheimer, *The Tragedy of Great Power Politics*, NY: W. W. Norton, 2001, pp.410-411, 49n.［邦訳：ジョン・ミアシャイマー『大国政治の悲劇』五月書房、二〇〇七年］。

＊１９ フランスの思想家であるレイモン・アロンも「アメリカ＝イギリス論」を指摘している。Raymond Aron, *Peace and War: A Theory of International Relations*, London: Weidenfeld & Nicolson, 1966. p.1; その他にも、冷戦後に始まったアメリカの大戦略に関する議論は「現在のアメリカは地政学的に十九世紀のイギリスと同じである」という前提に立って論じているものが多い。これの代表的なものとしては、Barry R. Posen, “Command of the Commons,” *International Security*, Vol.28, No.1 , Summer 2003, pp.5-46; Christopher Layne, *The Peace of Illusions: American Grand Strategy from 1940 to the Present* , Ithaca and London: Cornell University Press, 2006; Robert J. Art, *A Grand Strategy for America,* Ithaca and London: Cornell University Press, 2003.などがある。

Nicholas John Spykman
The Geography of the Peace

Translated by Masashi Okuyama
The Japanese edition published by Fuyo Shobo Shuppan Co. , Ltd. ,
under the Berne Convention for the protection of literary and artistic works.

著者
ニコラス・J・スパイクマン（1893-1943） Nicholas John Spykman
オランダ出身の元ジャーナリスト／イエール大学教授。20世紀のアメリカを代表する外交戦略家および地政学者。カリフォルニア大学で博士号取得後、イエール大学の国際学部主任教授、国際研究部の初代所長などを歴任。地政学ではユーラシア大陸の周縁部の重要性を説く「リムランド論」を主張したことで有名。第二次大戦勃発直後に地理学の分析を元にして「将来は日・独との同盟が必要になる」と主張して、当時の米国内で激論を巻き起こす。アメリカの冷戦期の「封じ込め政策」の創始者と言われ、現在のアメリカの世界戦略理論の基礎を作る。1943年にガンのために49歳の若さで死去。

訳者
奥山 真司（おくやま まさし）
1972年生まれ。カナダ、ブリティッシュ・コロンビア大学卒業。英国レディング大学大学院博士課程修了。戦略学博士（Ph.D）。国際地政学研究所上席研究員、青山学院大学非常勤講師。著書に『地政学』（五月書房）、訳書に『大国政治の悲劇・完全版』（J･ミアシャイマー著、五月書房新社）、『米国世界戦略の核心』（S･M･ウォルト著、五月書房）、『戦略の格言』（C･グレイ著、芙蓉書房出版）、『進化する地政学』（C･グレイ編著、五月書房）、『戦略論の原点』（J･C･ワイリー著、芙蓉書房出版）、『自滅する中国』（E･ルトワック著、芙蓉書房出版）、『現代の軍事戦略入門』（E･スローン著、芙蓉書房出版）、『クラウゼヴィッツの「正しい読み方」』（B･ホイザー著、芙蓉書房出版）、『ルトワックの“クーデター入門”』（E･ルトワック著、芙蓉書房出版）、『真説孫子』（D･ユアン著、中央公論新社）、『現代の戦略』（C･グレイ著、中央公論新社）などがある。
e メールアドレス；masa_the_man@hotmail.com

平和《へいわ》の地政学《ちせいがく》
――アメリカ世界戦略の原点――

2008年 5月20日 第1刷発行
2021年 8月20日 第6刷発行

著 者
ニコラス・J・スパイクマン

訳 者
奥山《おくやま》 真司《まさし》

発行所
㈱芙蓉書房出版
（代表 平澤公裕）
〒113-0033東京都文京区本郷3-3-13
TEL 03-3813-4466 FAX 03-3813-4615
http://www.fuyoshobo.co.jp
印刷・製本／モリモト印刷

ISBN978-4-8295-0422-2